新しい教職教育講座 教職教育編 ⑬

原清治／春日井敏之／篠原正典／森田真樹［監修］

教育実習・学校体験活動

小林 隆／森田真樹［編著］

ミネルヴァ書房

新しい教職教育講座

監修のことば

　現在，学校教育は大きな転換点，分岐点に立たされているようにみえます。
　見方・考え方の育成を重視する授業への転換，ICT 教育や特別支援教育の
拡充，増加する児童生徒のいじめや不登校への適切な指導支援，チーム学校や
社会に開かれた教育課程を実現する新しい学校像の模索など。切れ間なく提起
される諸政策を一見すると，学校や教師にとって混迷の時代に突入しているよ
うにも感じられます。
　しかし，それは見方を変えれば，教師や学校が築き上げてきた地道な教育実
践を土台にしながら，これまでの取組みやボーダーを超え，新たな教育を生み
出す可能性を大いに秘めたイノベーティブな時代の到来ともいえるのではない
でしょうか。教師の進むべき方向性を見定める正確なマップやコンパスがあれ
ば，学校や教師の新たな地平を拓くことは十分に可能です。
　『新しい教職教育講座』は，教師を目指す学生や若手教員を意識したテキス
トシリーズであり，主に小中学校を対象とした「教職教育編」全13巻と，小学
校を対象とした「教科教育編」全10巻から構成されています。
　世の中に教育，学校，教師に関する膨大な情報が溢れる時代にあって，学生
や若手教員が基礎的知識や最新情報を集め整理することは容易ではありません。
そこで，本シリーズでは，2017（平成29）年に告示された新学習指導要領や，
今後の教員養成で重要な役割を果たす教職課程コアカリキュラムにも対応した
基礎的知識や最新事情を，平易な表現でコンパクトに整理することに心がけま
した。
　また，各巻は，13章程度の構成とし，大学の授業での活用のしやすさに配慮
するとともに，学習者の主体的な学びを促す工夫も加えています。難解で複雑
な内容をやさしく解説しながら，教職を学ぶ学習者には格好のシリーズとなっ
ています。同時に，経験豊かな教員にとっても，理論と実践をつなげながら，
自身の教育実践を問い直し意味づけていくための視点が多く含まれた読み応え
のある内容となっています。
　本シリーズが，教育，学校，教職，そして子どもたちの未来と可能性を信じ
ながら，学校の新たな地平を拓いていこうとする教師にとって，今後の方向性
を見定めるマップやコンパスとしての役割を果たしていくことができれば幸い
です。

監修　原　　清　治（佛教大学）
　　　春日井敏之（立命館大学）
　　　篠 原 正 典（佛教大学）
　　　森 田 真 樹（立命館大学）

は じ め に

　大学教職課程で，皆さんは，教職の意義，教育の理念・思想や制度，幼児児童生徒の心身の発達や学習の過程，教育課程，道徳，生徒指導や教育相談，教科の指導法などに関する科目等を学んできています。それらの学習につづく「教育実習」「介護等体験」「学校インターンシップ」等の実践や体験に基づく学びは，「理論と実践の往還」として大きな意味をもちます。このような実践的・体験的な学びを省察し，再び理論と結びつけることによって，新たな発見や深い学びがあるのです。

　とくに「教育実習」は，教職課程の学びを総合し，実践的に学習する貴重な機会です。広義の教育実習は，「授業実習」（教壇実習）のほかに，自己の目で教育活動の実際を確かめる「観察」，および教師の補助的活動をする「参加」を含んでいます。

　また，このような実践や体験に基づく学びは，自身の教職に対する適性を確かめる機会でもあります。「教育実習」では，多くの学生が「教育の専門家」としての力量を育むとともに，あらためて教職への決意を固めます。本書は，そのような教職課程における実践的・体験的な学びをまとめたものとなっています。

　本書は2017（平成29）年に公示された学習指導要領（本書では「新学習指導要領」，幼稚園は「新教育要領」と表記）を反映した内容となっています。そして，その内容は大きく５つに分けることができます。

　第１章は「教育実習の意義，目的と内容」として，教職課程コアカリキュラムの内容にもふれながら教育実習をめぐる基本的事項を内容としています。第２章から第５章では，教育実習の事前・事後指導に関することと教育実習の概要（観察実習・参加実習・授業実習の概要）を示しています。第６章から第10章で

は，幼稚園・小学校・中学校・高等学校・特別支援学校における教育実習の特質を，法令や指導の実際，学習指導案等の視点から具体的に述べています。第11章と第12章は，教育実習以外の教育的体験活動である，「介護等体験」「学校インターンシップ」の目的や概要等を内容としています。そして第13章では，教職課程の総まとめとして「教職実践演習」の概要とその意義を述べています。とくに第6章から第10章は，学校（園）教育現場の経験が豊富な執筆者が担当しました。したがって，本書は教育実習の実際において多くの有用な情報を掲載していると自負しています。

　また，いくつかの章に授業の計画書である学習指導案が示されています。学習指導案には学習指導に対する思想や理論等が盛り込まれ，その様式は作成者や学校（園）により様々です。教育実習では，基本的に実習校（園）の指導に基づいた様式で学習指導案の作成を行ってください。

　以下は，先達の先生が大切にしていた言葉です。

　○　教育はこれからの時代を担う子どもたちを育てることをとおして，未来
　　　をつくる営みである。
　○　教育の実質を決定する最大の要素は，教員の資質にある。

　教職は，子どもとともに「未来をつくる」とても魅力ある職業です。そして，その実質を決めるのはあなた自身の資質・能力にあるのです。もうあなたは「近所の優しいお兄さん・お姉さん」ではありません。「教育の専門家」として十分な力量を身に付けるために，本書を有効に活用してください。

　最後に，皆さんの教職の学びが充実したものになるように期待しています。

　　2018年8月

編者　小林　　隆

森田真樹

目 次

は じ め に

第1章　教育実習の意義，目的と内容……………………………………… 1

1　教員養成と教育実習………………………………………………… 1

2　教育実習の基本的な仕組み………………………………………… 3

3　教育実習の目的と教員に求められる資質能力…………………… 6

4　教職課程コアカリキュラムと教育実習…………………………… 10

5　教育実習にむけて…………………………………………………… 13

第2章　教育実習にあたって——事前指導………………………………… 16

1　「教育実習」の履修にあたって…………………………………… 16

2　「教職実践演習」と「教育実習」………………………………… 18

3　教育実習校の確保と内諾…………………………………………… 21

4　教育実習の事前準備と相互理解…………………………………… 21

5　教育実習の開始と見通し…………………………………………… 23

6　教育実習の心得・留意事項………………………………………… 24

7　学習指導案…………………………………………………………… 26

8　教育実習に臨む……………………………………………………… 28

第3章　教育実習の実際（1）——観察，参加実習………………………… 30

1　学校組織と校務分掌………………………………………………… 30

2　学年経営・学級経営・生徒指導…………………………………… 35

3　学習指導……………………………………………………………… 41

第4章　教育実習の実際（2）——授業実習………………………………… 45

1　授業と学習指導……………………………………………………… 45

2　学習指導案の作成…………………………………………………… 49

iii

3 授業実施の実際・研究授業‥‥‥‥‥‥‥‥‥‥‥‥‥‥‥‥‥‥‥‥‥ 53

第5章　教育実習を振り返って──事後指導と評価‥‥‥‥‥‥‥‥‥ 60

1 教育実習の総括‥‥‥‥‥‥‥‥‥‥‥‥‥‥‥‥‥‥‥‥‥‥‥‥‥‥ 60

2 教育実習の振り返り・成果と課題の共有（体験談）‥‥‥‥‥‥‥‥ 62

3 今後のキャリア形成にむけて‥‥‥‥‥‥‥‥‥‥‥‥‥‥‥‥‥‥ 74

第6章　幼稚園教育実習の特質‥‥‥‥‥‥‥‥‥‥‥‥‥‥‥‥‥‥‥ 76

1 幼稚園を理解する‥‥‥‥‥‥‥‥‥‥‥‥‥‥‥‥‥‥‥‥‥‥‥‥ 76

2 幼稚園教育実習にあたって‥‥‥‥‥‥‥‥‥‥‥‥‥‥‥‥‥‥‥ 79

3 幼稚園での指導の実際‥‥‥‥‥‥‥‥‥‥‥‥‥‥‥‥‥‥‥‥‥ 83

第7章　小学校教育実習の特質‥‥‥‥‥‥‥‥‥‥‥‥‥‥‥‥‥‥‥ 93

1 小学校教育における法令‥‥‥‥‥‥‥‥‥‥‥‥‥‥‥‥‥‥‥‥ 93

2 小学校教育の特質‥‥‥‥‥‥‥‥‥‥‥‥‥‥‥‥‥‥‥‥‥‥‥ 96

3 小学校での指導の実際‥‥‥‥‥‥‥‥‥‥‥‥‥‥‥‥‥‥‥‥‥ 101

4 学習指導案例‥‥‥‥‥‥‥‥‥‥‥‥‥‥‥‥‥‥‥‥‥‥‥‥‥‥ 104

第8章　中学校教育実習の特質‥‥‥‥‥‥‥‥‥‥‥‥‥‥‥‥‥‥‥ 108

1 教育実習の前に考えておきたいこと‥‥‥‥‥‥‥‥‥‥‥‥‥‥ 108

2 実習の中で考察したいこと──中学校教師の多様な職務を知る‥‥‥‥‥‥ 110

3 実際的な指導にあたって──実践における3つのポイント‥‥‥‥‥‥‥ 114

4 実習後の自己省察──教職への道の再検討‥‥‥‥‥‥‥‥‥‥‥‥‥ 119

第9章　高等学校教育実習の特質‥‥‥‥‥‥‥‥‥‥‥‥‥‥‥‥‥‥ 124

1 高等学校教育における法令‥‥‥‥‥‥‥‥‥‥‥‥‥‥‥‥‥‥‥ 124

2 高等学校教育の特質‥‥‥‥‥‥‥‥‥‥‥‥‥‥‥‥‥‥‥‥‥‥ 125

3 高等学校での指導の実際‥‥‥‥‥‥‥‥‥‥‥‥‥‥‥‥‥‥‥‥ 126

4 学習指導案例‥‥‥‥‥‥‥‥‥‥‥‥‥‥‥‥‥‥‥‥‥‥‥‥‥‥ 131

5 教育実習生が守るべきルールとマナー‥‥‥‥‥‥‥‥‥‥‥‥‥‥ 132

目　次

第10章　特別支援学校教育実習の特質……………………………135

1　特別支援学校の目的と教育課程………………………135

2　特別支援学校の指導の実際………………………141

3　学習指導案例………………………146

第11章　介護等体験………………………152

1　介護等体験とは………………………152

2　介護等体験での学び………………………155

3　教育職と介護等体験………………………161

4　介護等体験から教育実践の場へ………………………164

第12章　学校インターンシップ参加学生のキャリア意識…………167

1　教職に就くかどうかを迷う学生たち………………………167

2　若者の職業的社会化という視点………………………168

3　学校現場でのインターンシップが求められてきた背景………………………170

4　現場体験活動とは何か………………………174

5　学校インターンシップの効果とは何か………………………175

6　まとめにかえて………………………182

第13章　教職実践演習………………………185

1　教職実践演習導入の背景………………………185

2　教職実践演習における到達目標………………………186

3　履修カルテを活用した振り返りと自己研鑽の明確化………………………189

4　授業内容の事例………………………192

5　教員に求められる資質能力の2つの側面………………………195

6　「教職実践演習」から教員へ………………………196

索　引　199

第1章 教育実習の意義，目的と内容

この章で学ぶこと

大学における教員養成教育の中で，「教育実習」は最も大きな意味をもつものであるといっても過言ではない。その教育実習を有意義なものとするためには，目的や意義，教育実習の仕組み等を理解しておく必要がある。2019（平成31）年4月入学者から適用される新しい教育職員免許法および同施行規則においては，教育実習と教職実践演習は，教育実践に関する科目として整理された。また，各大学の判断で，教育実習の単位の中に，「学校体験活動」（学校インターンシップ）を含めることができるようになるなど，法令上の規定も変更されている。

本章では，教職課程コアカリキュラムの内容にもふれながら，教育実習をめぐる基本的な事項の理解を目指したい。

1 教員養成と教育実習

およそ専門職と呼ばれる職種の養成段階においては，形態や期間は様々であるとしても，何らかの「実習」が課せられることが多い。それは，専門職養成においては「現場」に身を置き，①現実に起こっていることを体験的に理解すること，②様々な授業科目等で獲得した知見を総合し，理論と実践を融合，往還させる素養を身に付けること，③当該職種に関する自らの適性を判断するとともに，意欲や使命感を高めること，などのプロセスが重要となるからである。もちろん，医師や薬剤師養成のように，長期実習はあっても，治療や調剤に直接的に関わることがない実習もあれば，教育実習や看護実習のように，直接，幼児児童生徒の教育や患者の看護活動に指導者のもとで関わる実習まで，実習のあり方や位置づけは多様である。また，実習の時期も，養成の集大成として

最終学年に実施されるものから，低学年で実施されるもの，さらに，養成段階の修了後から入職までの間に実施されるものまである。

　教員養成における教育実習は，養成の最終段階において実施されることが多く，実習においては，各学校の教育課程（教科学習や特別活動など）の一部分を，指導教員のもとで実習生が直接担当することに特徴がある。つまり，教育実習では，実習生の練習用の授業や別メニューが設定されているわけではなく，正規の教員が担当する予定の授業等を実習生が代替して担当することになるのである。大学の講義で行われる模擬授業やロールプレイ等と異なり，まさに実際の現場の中に身を置きながら，現実の教育実践に携わる中で得るものは大きい。1997（平成9）年の教育職員養成審議会「新たな時代に向けた教員養成の改善方策について（第1次答申）」では，教員養成の段階で身に付けるべき教員としての最小限必要な資質能力を，「採用当初から学級や教科を担任しつつ，教科指導，生徒指導等の職務を著しい支障が生じることなく実践できる資質能力」とした。教職課程や大学全体の学びの中で獲得してきた知識や能力を統合させながら，教育実習の機会をとおして，教科指導や学級活動等に直接関わることは，教職への意欲を高めながら，教員として最小限必要な資質能力が身に付いているかを確認する絶好の機会となる。

　近年の教員養成をめぐる議論では，実践的指導力の育成の必要性がとくに強調されるようになってきた。そのため，教育実習以外の学校現場での体験活動（学校インターンシップ，学校ボランティアなど）への参加も奨励されるようになっている。大学が独自科目を設定し単位認定を伴う活動，教育委員会や各学校に個人で申し込むボランティア活動，教育委員会が主催する教師塾等の中で実施される実地研修など，その形態や内容は多様である。先進諸国と比較し，日本の教員養成における教育実習期間は短いと指摘されている。また，教育実習は集中した期間で実施されるため，年間をとおした学校の動きや，幼児児童生徒の変化を経験的に理解することが困難であるなどの課題もある。長期間実施される学校インターンシップ，学校ボランティアに参加することで，これらの課題を補うことができ，教育実習前に何らかの学校現場での活動を経験しておく

ことで教育実習への意欲も高まり，教育実習がより充実したものになるという
メリットも指摘される。大学の教職課程においては，もちろん実践的指導力の
育成を意識した教育が行われているが，学校や幼稚園などの教育現場で実際の
幼児児童生徒と関わることでしかわからない事柄も多くあり，教育実習や学校
インターンシップ，学校ボランティアなどに参加し，実践の場に身を置くこと
は，実践的指導力を高める上でも重要となる。

　その一方で，学校現場で長く活動し，現場に「慣れる」ことと，「力量が高
まる」ことはイコールではない。実践的力量を高めるためには，理論と実践の
融合や往還を意識した学びが必要となり，実践を常に振り返り，改善の方策を
模索し続けることが肝要となる。理論的な知見，学術的な知識をもたないまま
学校現場に出たとしても，実践の中に埋没することになりかねない。教員とし
ての資質能力を向上させるためには，教育実習や学校現場での諸活動と大学の
学びを両輪として位置づけて，両者のバランスのとれた学修をする必要がある
ことも忘れてはならない。

　教員は，入職後の一定期間何らかの責任を猶予されたり，見習い期間がある
職業ではない。多くの場合，3月下旬に大学を卒業・修了し，4月からすぐに
学級担任や教科担任として，ベテラン教員と同様の全般的な責任を負いながら，
教育活動に従事しなければならない。そのため，養成段階では，教員としての
職責を果たすために必要な知識を獲得するのみならず，多様な学校現場体験の
機会をとおして，基礎的な指導力もしっかりと獲得しておくことが求められて
いる。また，とくに教育実習は，教員の養成段階から，実際の教員の世界への
橋渡し的な機会ともなっており，教育実習を充実したものにすることは教員養
成の核となる。

2　教育実習の基本的な仕組み

　日本の教員養成は，戦前の教員養成への反省も踏まえて，戦後は，「大学に
おける教員養成」「開放制の原則による教員養成」を二大原則として展開して

きた。新制大学の創設とともに立法化された教育職員免許法に定められた内容に従い教員養成を行うこととなっているが，現在まで続く課程認定制度が導入されたのは，1953（昭和28）年の教育職員免許法改正以降のことである。課程認定制度とは，端的にいえば，①各大学において，教育職員免許法および同法施行規則の規定に基づいた教職課程カリキュラムを編成し文部科学大臣に申請，②文部科学大臣から申請大学を中央教育審議会に答申，③中央教育審議会から付託された課程認定委員会で審査，④審査結果を中央教育審議会に報告，⑤結果を中央教育審議会から文部科学大臣へ答申，⑥文部科学大臣から申請大学の教職課程が認定されるというサイクルによって，教職課程の設置が認められる制度である。各大学が法令に従った科目を適切に配置することはもちろんのこと，必要な教員が確保されているか，施設や設備は十分か，教育実習校は適切に確保されているかなどが審査されることになる。

　このような教員養成制度をとる日本においては，教育職員免許法および同法施行規則で定められた領域ごとに，必要単位数を取得することが教員免許取得の条件となっている。教育実習も必修の領域として定められており，時期や期間，実習校確保の方法，実習内容や評価方法など，各大学が教育実習の実施計画を作成し，文部科学大臣に認定された内容に基づいて教育実習が実施されることになる。

　教育実習は，教育職員免許法施行規則において，幼稚園教諭，小学校教諭，中学校教諭の一種および二種免許状取得には５単位，高等学校教諭一種免許状取得には３単位を取得しなければならないと定められている。加えて，同施行規則の別表備考欄には，「教育実習の単位数には，教育実習に係る事前及び事後の指導（授与を受けようとする普通免許状に係る学校以外の学校，専修学校，社会教育に関する施設，社会福祉施設，児童自立支援施設及びボランティア団体における教育実習に準ずる経験を含むことができる。）の一単位を含むものとする」と規定されている。それゆえに教育実習は，幼稚園や学校での実習のみならず，１単位分の事前指導・事後指導を含んで構成されることになる。各大学では，「教育実習（事前，事後指導を含む）」というような１科目が設定される場合もあれば，

4

「教育実習（事前指導）」と「教育実習（事後指導を含む）」というような2科目が設定される場合もある。

　ちなみに，2019年4月入学者から適用される教育職員免許法では，「教科に関する科目」「教職に関する科目」「教科及び教職に関する科目」という従来の枠組みを撤廃し，科目群の「大くくり化」がなされた。教育職員免許法の改正に伴い教育職員免許法施行規則も改正され，教育実習以外の学校インターンシップや学校ボランティア等の拡がりとその教育的効果に鑑み，幼稚園，小学校，中学校教諭であれば，教育実習の5単位中2単位まで，高等学校であれば教育実習の3単位中1単位まで，「学校体験活動」の単位を含めることができることになった。施行規則でいう「学校体験活動」とは，「学校における授業，部活動等の教育活動その他の校務に関する補助又は幼児，児童若しくは生徒に対して学校の授業終了後若しくは休業日において学校その他適切な施設を使用して行う学習その他の活動に関する補助を体験する活動であつて教育実習以外のものをいう」とされている。これまでの教育実習は，定められた期間に短期集中的に実施されてきたが，今後は，「学校体験活動」として，たとえば，週1回の活動を長期に行う場合も，教育実習の単位として含むことができるようになった。

　ただし，この「学校体験活動」を教育実習の単位に含めるか否かについては，各大学の判断に任せられている。これまでにも，学校インターンシップ等の活動を「科目」として配置し，「単位」を授与してきた大学も多い。今後は，これまでの学校インターンシップ等の活動を，「学校体験活動」として位置づけ直して，教育実習の単位の一部に含める形で実施する大学と，「大学が独自に設定する科目」の枠内で科目を配置し，教育実習とは別の単位として認定する大学に判断が分かれることとなり，教育実習の多様化が進むことが予想される。

　また，複数の学校種の免許状を取得する場合には，基礎となる免許状のために取得した教育実習の単位の一部を，追加で取得する免許状の教育実習の単位の一部にあてることができるとされている。さらに，教員経験のある場合の特例措置などもあり，これらに該当する場合には，希望する教員免許状取得のた

めに必要となる教育実習の単位数についての確認が必要となる。

　加えて，特別支援学校教諭，養護教諭，栄養教諭の免許状取得のためには，それぞれ，「心身に障害のある幼児，児童又は生徒についての教育実習（3単位）」「養護実習（1種5単位，2種4単位）」「栄養教育実習（1種，2種ともに2単位）」の単位を取得する必要がある。

　教育実習の期間については，「大学設置基準」において，「実験，実習及び実技については，30時間から45時間までの範囲で大学が定める時間の授業をもって1単位とする」と規定されているため，各大学が，1単位を何時間として設定するかによって異なることになる。たとえば，中学校教諭一種免許状の取得のための教育実習であれば，必修の5単位から事前指導・事後指導の1単位を除いた最低4単位分の実習が必要となるが，時間数としては120〜180時間の間での設定が可能ということになる。日数でいえば，3〜4週間程度で設定されることが多い。

　実習を行う学校については，大学・学部の附属校，大学と協力関係にある近隣の学校，教育委員会が配当する学校，実習生の出身校などの場合がある。出身校で実習を行うことについては，大学の指導が行き届かず，厳格な評価がなされていない等の理由から，近年では批判される傾向にあるが，実際には出身校での実習が行われることも多い。実習校をどのように確保するのかについては，各大学での指示に従う必要がある。

3　教育実習の目的と教員に求められる資質能力

　教育実習のあり方について体系的に提言されたものとして，教育職員養成審議会教育実習に関する専門委員会の報告である「教育実習の改善充実について」（1978（昭和53）年）がある。

　本報告の中で，教育実習の意義について，「教育実習は，現実の学校環境における児童，生徒等との直接的な接触の過程を通して，経験豊かな指導教員の下で教職的な経験を積み，教員となるための実践上，研究上の基礎的な能力と

第1章　教育実習の意義，目的と内容

態度を養うところに，その本質的な意義が認められる」としている。

　また，同報告書では，教育実習の目的として，次の4点をあげている。

① 学校教育の実際について，体験的，総合的な認識を得させること。

② 大学において修得した教科や教職に関する専門的な知識，理解や理論，技術を児童，生徒等の成長発達の促進に適応する実践的能力の基礎を形成すること。

③ 教育実践に関する問題解決や創意工夫に必要な研究的な態度と能力の基礎を形成すること。

④ 教育者としての愛情と使命感を深め，自己の教員としての能力や適性についての自覚を得させること。

　これらは，現在でも有効な教育実習の目的であるといえる。このような目的で実施される教育実習は，上述した教員養成段階での獲得が求められる教員としての最小限必要な資質能力（採用当初から学級や教科を担任しつつ，教科指導，生徒指導等の職務を著しい支障が生じることなく実践できる資質能力）を獲得するためにも，重要な役割を果たすことになる。

　教員に求められる資質能力は，学校教育の変化，授業における新しい内容や方法の導入，幼児児童生徒，地域社会の変化に合わせて，当然ながら変更されていくもので，求められる資質能力を定義することは容易ではない。教員に求められる資質能力の一例として，よく紹介されるのが，1997年の教育職員養成審議会答申の内容である。同答申では，変化の激しい時代に，子どもたちに「生きる力」を育む教育を授けることが期待される，今後とくに教員に求められる資質能力を次の3つの枠組みから整理している（教育職員養成審議会，1997）。

地球的視野に立って行動するための資質能力
　─地球，国家，人間等に関する適切な理解
　　例：地球観，国家観，人間観，個人と地球や国家の関係についての適切な理解，社会・集団における規範意識
　─豊かな人間性

　　　　例：人間尊重・人権尊重の精神，男女平等の精神，思いやりの心，ボラン
　　　　　　ティア精神
　　├国際社会で必要とされる基本的資質能力
　　　　例：考え方や立場の相違を受容し多様な価値観を尊重する態度，国際社会に
　　　　　　貢献する態度，自国や地域の歴史・文化を理解し尊重する態度
変化の時代を生きる社会人に求められる資質能力
　　├課題解決能力等に関わるもの
　　　　例：個性，感性，創造力，応用力，論理的思考力，課題解決能力，継続的な
　　　　　　自己教育力
　　├人間関係に関わるもの
　　　　例：社会性，対人関係能力，コミュニケーション能力，ネットワーキング能
　　　　　　力
　　├社会の変化に適応するための知識及び技能
　　　　例：自己表現能力（外国語のコミュニケーション能力を含む。），メディア・
　　　　　　リテラシー，基礎的なコンピュータ活用能力
教員の職務から必然的に求められる資質能力
　　├幼児・児童・生徒や教育の在り方に関する適切な理解
　　　　例：幼児・児童・生徒観，教育観（国家における教育の役割についての理解
　　　　　　を含む。）
　　├教職に対する愛着，誇り，一体感
　　　　例：教職に対する情熱・使命感，子どもに対する責任感や興味・関心
　　├教科指導，生徒指導等のための知識，技能及び態度
　　　　例：教職の意義や教員の役割に関する正確な知識，子どもの個性や課題解決
　　　　　　能力を生かす能力，子どもを思いやり感情移入できること，カウンセリ
　　　　　　ング・マインド，困難な事態をうまく処理できる能力，地域・家庭との
　　　　　　円滑な関係を構築できる能力

　同答申では，これらに加えて，「得意分野を持つ個性豊かな教員の必要性」
についても指摘している。教育実習では，上記の中でも，「教員の職務から必
然的に求められる資質能力」に関わる部分について，もっぱら取り組むことと
なる。しかし，教員には，さらに広域の資質能力が求められており，それら広
域の資質能力が，日々の教育実践を支えていることも忘れてはならない。

第1章　教育実習の意義，目的と内容

　また，2015（平成27）年の中央教育審議会「これからの学校教育を担う教員の資質能力の向上について（答申）」では，これまで教員として不易とされてきた資質能力に加え，次のような力が，これからの教員には求められると整理している。

○自律的に学ぶ姿勢を持ち，時代の変化や自らのキャリアステージに応じて求められる資質能力を生涯にわたって高めていくことのできる力や，情報を適切に収集し，選択し，活用する能力や知識を有機的に結びつけ構造化する力などが必要である。

○アクティブ・ラーニングの視点からの授業改善，道徳教育の充実，小学校における外国語教育の早期化・教科化，ICT の活用，発達障害を含む特別な支援を必要とする児童生徒等への対応などの新たな課題に対応できる力量を高めることが必要である。

○「チーム学校」の考えの下，多様な専門性を持つ人材と効果的に連携・分担し，組織的・協働的に諸課題の解決に取り組む力の醸成が必要である。

　第一の点については，近年提起されている「学び続ける教師像」を実現するためには不可欠な資質能力である。第二の点については，新学習指導要領にも反映されている内容であり，教科指導や生徒指導における新しい課題へ対応するための資質能力である。第三の点については，新しい学校のあり方として，「チーム学校」や「社会に開かれた教育課程」等が提起されている時代にあって，教職員だけに閉じることなく，専門家や地域等と連携しながら学校づくりを行うことができる資質能力である。

　こういった新しく求められるようになった資質能力に関連する活動のすべてを教育実習の段階で経験できるわけではないが，教壇に立てば必然的に求められることになるため，教育実習においても意識しておく必要があろう。また，学校現場は，多様な能力をもった教員がいることで，教育活動が充実する。教員である限り共通に求められる基本的な資質能力を獲得することを十分に意識しなければならないが，所属する学部・学科の学びに基づき，自分の得意分野を活かして教育実習に取り組むという姿勢も大切である。

9

4 教職課程コアカリキュラムと教育実習

近年の教員養成改革の一環として，2017（平成29）年に「教職課程コアカリキュラム」が制定された。医学教育，獣医学教育，法科大学院教育など，他の専門職教育においては，すでにコアカリキュラムが制定されており，教職課程においても，コアカリキュラムを策定する必要性は，以前から指摘されてきた。教育職員免許法および同施行規則に基づき，全国の大学の教職課程で共通的に修得すべき資質能力を示し，各大学が教職課程を編成するにあたり参考とする指針として，文部科学省により設置された「教職課程コアカリキュラムの在り方に関する検討会」によって策定されたのが，教職課程コアカリキュラムである。教育職員免許法改正に合わせて，教職課程コアカリキュラムに基づく教職課程は，2019年4月入学者より適用されることになっている。先述のとおり，改正された施行規則によって，教育実習の単位に，学校体験活動を含むことができるようになった。そのため，教職課程コアカリキュラムでは，「教育実習（学校体験活動）」という形で内容が示され，学校体験活動も，教育実習の目標の一部を達成するものであることが求められている。具体的に示された内容は，次のようになっている。

【全体目標】
教育実習は，観察・参加・実習という方法で教育実践に関わることを通して，教育者としての愛情と使命感を深め，将来教員になるうえでの能力や適性を考えるとともに課題を自覚する機会である。一定の実践的指導力を有する指導教員のもとで体験を積み，学校教育の実際を体験的・総合的に理解し，教育実践ならびに教育実践研究の基礎的な能力と態度を身に付ける。

＊ 教育実習の一部として学校体験活動を含む場合には，学校体験活動において，（2），（3－1）もしくは（3－2）のうち，3）4）の目標が達成されるよう留意するとともに，教育実習全体を通して全ての目標が遺漏なく達成されるようにすること。

（1）事前指導・事後指導に関する事項

【一般目標】

事前指導では教育実習生として学校の教育活動に参画する意識を高め，事後指導では教育実習を経て得られた成果と課題等を省察するとともに，教員免許取得までに習得すべき知識や技能等について理解する。これらを通して教育実習の意義を理解する。

【到達目標】

　1）教育実習生として遵守すべき義務等について理解するとともに，その責任を自覚したうえで意欲的に教育実習に参加することができる。

　2）教育実習を通して得られた知識と経験をふりかえり，教員免許取得までにさらに習得することが必要な知識や技能等を理解している。

（2）観察及び参加並びに教育実習校の理解に関する事項

【一般目標】

幼児，児童および生徒や学習環境等に対して適切な観察を行うとともに，学校実務に対する補助的な役割を担うことを通して，教育実習校（園）の幼児，児童又は生徒の実態と，これを踏まえた学校経営及び教育活動の特色を理解する。

【到達目標】

　1）幼児，児童又は生徒との関わりを通して，その実態や課題を把握することができる。

　2）指導教員等の実施する授業を視点を持って観察し，事実に即して記録することができる。

　3）教育実習校（園）の学校経営方針及び特色ある教育活動並びにそれらを実施するための組織体制について理解している。

　4）学級担任や教科担任等の補助的な役割を担うことができる。

（3-1）学習指導及び学級経営に関する事項　※小学校教諭・中学校教諭・高等学校教諭

【一般目標】

大学で学んだ教科や教職に関する専門的な知識・理論・技術等を，各教科や教科外活動の指導場面で実践するための基礎を修得する。

【到達目標】

　1）学習指導要領及び児童又は生徒の実態等を踏まえた適切な学習指導案を作

成し，授業を実践することができる。

2）学習指導に必要な基礎的技術（話法・板書・学習形態・授業展開・環境構成など）を実地に即して身に付けるとともに，適切な場面で情報機器を活用することができる。

3）学級担任の役割と職務内容を実地に即して理解している。

4）教科指導以外の様々な活動の場面で適切に児童又は生徒と関わることができる。

（3-2）保育内容の指導及び学級経営に関する事項　※幼稚園教諭

【一般目標】

大学で学んだ領域や教職に関する専門的な知識・理論・技術等を，保育で実践するための基礎を身に付ける。

【到達目標】

1）幼稚園教育要領及び幼児の実態等を踏まえた適切な指導案を作成し，保育を実践することができる。

2）保育に必要な基礎的技術（話法・保育形態・保育展開・環境構成など）を実地に即して身に付けるとともに，幼児の体験との関連を考慮しながら適切な場面で情報機器を活用することができる。

3）学級担任の役割と職務内容を実地に即して理解している。

4）様々な活動の場面で適切に幼児と関わることができる。

　教職課程コアカリキュラムは，教育職員免許法施行規則に示されている「各科目に含まれることが必要な事項」ごとに作成されているが，全体目標が示された後に，各事項の一般目標と到達目標が示されるという構成は共通である。

　教育実習の場合は，上記のように「事前指導・事後指導に関する事項」「観察及び参加並びに教育実習校の理解に関する事項」「学習指導（保育内容の指導）及び学級経営に関する事項」という３つの事項にわたって，獲得すべき資質能力が示されている。教職課程コアカリキュラムは，全国の大学の教職課程で共通に修得すべき必要最小限の資質能力を示したものであるため，上記に加えて，大学ごとに教育実習で獲得すべき資質能力が示されることになろう。教育実習では，学習指導や保育の実践に実習生の意識が集中しがちである。しか

第1章　教育実習の意義，目的と内容

し教育実習では，観察，参加，実習という異なる方法で，多様な教育実践にアプローチすることが必要である。幼児児童生徒や地域の実態および課題の把握，実習校の学校経営方針や特色ある教育活動の理解，学級担任の役割や職務内容の理解など，学校の全体的な教育活動や教員の業務全般について意識して，「学校教育の実際を体験的・総合的に理解し，教育実践ならびに教育実践研究の基礎的な能力と態度を身に付ける」ことが目指されていることは，常に意識しておきたい。

5　教育実習にむけて

　教育実習の注意点などは，各大学の事前指導などでも周知されるが，ここでは，教育実習でおよそ共通すると思われる事項について簡単に整理しておきたい。
　第一に，教育実習の仕組み，実習生の立場，実習生の段階で求められる知識や能力等を十分に理解した上で，教育実習にのぞむことである。本章でも繰り返し述べたように，教育実習は，実習生の「練習」の場ではなく，実際の教育活動の一部を借りて実施されるものであることを十分に理解しておくことである。教育実習は，教職に就くことを第一志望としていたり，将来的に教職に就きたいと考えている人が参加することを原則としている。多様な動機で教職課程を履修していたとしても，教科指導に必要な基本的知識，授業実践のための基本的技能，社会人としてのマナーやコミュニケーション能力，教育活動に携わる人間としての使命感などが欠如していれば，教育実習を遂行することは困難である。学習指導案の書き方がわからない，担当する授業内容についての理解が十分ではないというような状態で教育実習をむかえれば，実習校のみならず，何よりも実習で直接関わる幼児児童生徒に迷惑をかけることになりかねない。事前指導などをとおして，教育実習を遂行するに十分な準備ができているか確認しておきたい。
　第二に，教育実習をより有意義なものとするために，受け身の姿勢ではなく，実習生自身も教育活動の充実に関与しているのだという積極的な意識をもって，

実習に取り組むことである。実習では，実際の教育課程の一部を担当することになるため，指導教員等の指示のもとで活動することが必要となる。幼児児童生徒，クラス，学校，地域などの実態は，短期間の教育実習ではわからない部分も多い。その意味では，できる限り，幼児児童生徒の理解に努めながらも，たとえば，学級担任の学級経営方針，教科担任の年間の指導方針，保育の方針などに従って実践をすることが必要である。また，実習生の不用意な行動や発言で，幼児児童生徒に負の影響を与えることも避けなければならず，慎重な発言・行動が求められる。しかし，そうだからといって，指示されたことだけ行えばよい，幼児児童生徒とは，最低限の関わりでよいなどと考え，消極的な姿勢で実習に取り組んでも得るものは少ない。教員に準じる立場で実習校で活動する以上，実習生としてできることは何かをしっかりと考え，限られた期間の中で，できる限り多くの場面に積極的に関わっていくという姿勢が必要である。教育実習にしても，学校インターンシップ等にしても，実習生やインターンシップ生が，何かを得たい，何かを学びたいという問題意識や積極的態度が伴わないままでは，ただ単に時間が経過するのみで，自身の資質や能力の向上は期待できないことを忘れないようにしたい。

　第三に，教育実習を行う学校種の特色を十分に理解して実習にのぞむことである。当然のことながら，学校種によって，教員の仕事内容も，一日の動き方も，子どもたちとの関わり方も異なってくる。本書の中でも，幼稚園，小学校，中学校，高等学校，特別支援学校など，それぞれの学校における教育実習の特色や留意点を整理しているので，十分に学習をしておきたい。

　第四に，限られた期間での実習ではあるが，様々な事柄を記憶の新しいうちに記録にとることを忘れないようにしたい。たとえば，学級や指導教員の授業の観察をする際には，しっかりとした視点をもって観察し，学級や授業の事実を正確に記録することも，教育実習の重要な活動である。また，自分が授業等を実践する際にも，授業内で起こったことを記録することは不可欠である。正確な記録があってこそ，のちのち振り返ることが可能となり，自分の実践の改善につなげることができるのである。どこを見ればよいのか，何を記録すれば

第1章　教育実習の意義，目的と内容

よいのかをまず理解しておくことが必要とはなるが，教職課程で学んだ事柄を総合させながら取り組みたい。

　教育実習は，教職履修者にとって，自分の教職への適性を確かめ，教員としての最低限の資質能力の過不足を確認する意味でも，非常に重要な機会となる。実習生を受け入れる学校園も，実習生指導の負担が増加することを見越してもなお，次世代の教員の卵を育てたいという思いで受け入れの判断をしてもらっているため，できる限りの準備を行い，積極的な姿勢でのぞむことが肝要である。本書の各章の内容をしっかりと学習し，実習に備えてもらいたい。

引用文献

教育職員養成審議会（1997）「新たな時代に向けた教員養成の改善方策について（第1次答申）」7月1日。

中央教育審議会（2015）「これからの学校教育を担う教員の資質能力の向上について（答申）」12月21日。

───学習の課題───

(1)　教育実習の意義や目的，基本的仕組みを理解した上で，教育実習を有意義なものとするために，どのような意識でのぞめばよいのか考えてみよう。

(2)　教員に求められる最小限必要な資質能力や教職課程コアカリキュラムの内容を参考にしながら，教育実習では，どのようなことに取り組めばよいのか考えてみよう。

【さらに学びたい人のための図書】

有吉英樹・長澤憲保編（2001）『教育実習の新たな展開』ミネルヴァ書房。
　　⇨教育実習の意義や目的のみならず，教育実習にのぞむにあたり理解すべき事項が幅広い視点から述べられており，教育実習の準備にあたり参考にしたい。

高野和子・岩田康之編（2010）『教育実習』学文社。
　　⇨前書とは異なる視点から，教育実習にのぞむにあたり理解すべき事項が幅広い視点から述べられており，教育実習の準備にあたり参考にしたい。

藤枝静正（2001）『教育実習学の基礎理論研究』風間書房。
　　⇨教育実習そのものを学問の対象として研究したもので，教育実習とは何か，教育実習において，いかなる学習を成立させるのかという課題意識から，教育実習学の構築を目指した研究の成果である。教育実習とは何かを考えるために大いに参考となる。

（森田真樹）

第2章 教育実習にあたって
——事前指導

この章で学ぶこと

　教育実習は，これまでの教職の学びを総合し，実践的に学習する機会である。さらに，自身の教職に対する資質や能力を客観的に評価するとともに，課題を明確にして今後の学習計画を立てる機会でもある。本章では，教育実習にあたっての心構えや留意点を中心に学習する。

　本章では，主として学校に関する実習を述べている。幼稚園実習の場合は学校にあたる箇所を「園」として，授業・学習にあたる箇所を「保育」として読み進めていただきたい。

1　「教育実習」の履修にあたって

　教育実習にあたり，まずは教育基本法の着目すべき条文をおさえておきたい（下線：筆者，以下同）。

教育基本法

（教育の目的）

第1条　教育は，人格の完成を目指し，平和で民主的な国家及び社会の形成者として必要な資質を備えた心身ともに健康な国民の育成を期して行われなければならない。

（教員）

第9条　法律に定める学校の教員は，自己の崇高な使命を深く自覚し，絶えず研究と修養に励み，その職責の遂行に努めなければならない。

　このように，教育実習は「実習」といえども，子どもたちの「人格の完成を目指」す重要な職責にあたる実践的学習の場であることを自覚したい。また，

学校（園）に教育実習生を受け入れる法的責務はない。あくまでも様々な協定等に基づき，将来の先生を育成するための厚意によって成り立つものであることを自覚したい。したがって，安易な気持ちでの教育実習実施は厳に慎みたい。さらに，「子どもが好き」「担当する教科（学問）が好き」だからなどの理由のみで教職を希望することも避けたい。「子どもが好き」「担当する教科が好き」なのは必要条件であり，十分条件ではない。教育実習にあたり，将来の教職に対する明確な意図をもち，必要最低限の知識・技能を備え，自身の教職に対する適性を客観的に見つめた上での履修を心得たい。厳しいようであるが，教育実習に失敗するパターンを次に示す。

• 社会人としての礼儀やマナーに欠ける。教職の意欲に欠ける。
• 子どもたちや教職員（とくに指導教員）とのコミュニケーションがとれない。
• 教科の専門的知識が不十分である。学習指導案の作成ができない。
• 必要書類の提出（教育実習簿の提出も含む）が遅れる。

　逆に，これらが満たされた上で誠心誠意，謙虚に全力で教育実習にのぞめば，おそらく教育実習は成功し，教職に就くという目標に近づくことができる。A大学では，「育つ教師像」として下記の3点をあげている。キーワードは，「関係性」「専門性」「協働性」である。

① 深い子ども理解

　幅広い教養と豊かな人間性を有し，子どもの内面を深く理解してその成長に寄り添い，自立を支援することのできる教員。

② 高い指導力

　教職および教科・領域に関する理論知と実践知を修得し，教育現場において高い指導力を発揮できる教員。

③ 豊かな関係性

　教職員や保護者，地域社会との豊かな関係性の中で，協働して教育活動に取り組むことのできる教員。

2 「教職実践演習」と「教育実習」

　第13章で詳しく述べるが，教職課程には，学びの最終的な確認の場として「教職実践演習」が位置づけられている。教職として身に付けておきたい資質や能力（知識・技能）が明確に述べられているので，ここで確認しておく。教育実習でも，これらの観点を意識して取り組むことが大切である。

　また，新学習指導要領で謳われている「主体的・対話的で深い学びの実現に向けた授業改善」では，どのような学習指導が目指されるのかも考察しておきたい。

　文部科学省ホームページによると，教職実践演習は「教職課程の他の授業科目の履修や教職課程外での様々な活動を通じて，学生が身に付けた資質能力が，教員として最小限必要な資質能力として有機的に統合され，形成されたかについて，課程認定大学が自らの養成する教員像や到達目標等に照らして最終的に確認するもの」とされている。そして，このような科目の趣旨を踏まえた上で，次の４つの事項を確認の視点として提示している。

1．使命感や責任感，教育的愛情等に関する事項
2．社会性や対人関係能力に関する事項
3．幼児児童生徒理解や学級経営等に関する事項
4．教科・保育内容等の指導力に関する事項

（1）使命感や責任感，教育的愛情等に関する事項

　この事項では，「教育に対する使命感や情熱を持ち，常に子どもから学び，共に成長しようとする姿勢が身に付いている」「高い倫理観と規範意識，困難に立ち向かう強い意志を持ち，自己の職責を果たすことができる」「子どもの成長や安全，健康を第一に考え，適切に行動することができる」の３点が，到達目標となっている。そして，「誠実，公平かつ責任感を持って子どもに接し，子どもから学び，共に成長しようとする意識を持って，指導に当たること

ができるか」「教員の使命や職務についての基本的な理解に基づき，自発的・積極的に自己の職責を果たそうとする姿勢を持っているか」「自己の課題を認識し，その解決に向けて，自己研鑽に励むなど，常に学び続けようとする姿勢を持っているか」「子どもの成長や安全，健康管理に常に配慮して，具体的な教育活動を組み立てることができるか」が，具体的な確認指標の例となっている。

（2）社会性や対人関係能力に関する事項

　この事項では，「教員としての職責や義務の自覚に基づき，目的や状況に応じた適切な言動をとることができる」「組織の一員としての自覚を持ち，他の教職員と協力して職務を遂行することができる」「保護者や地域の関係者と良好な人間関係を築くことができる」の3点が，到達目標となっている。そして，「挨拶や服装，言葉遣い，他の教職員への対応，保護者に対する接し方など，社会人としての基本が身についているか」「他の教職員の意見やアドバイスに耳を傾けるとともに，理解や協力を得ながら，自らの職務を遂行することができるか」「学校組織の一員として，独善的にならず，協調性や柔軟性を持って，校務の運営に当たることができるか」「保護者や地域の関係者の意見・要望に耳を傾けるとともに，連携・協力しながら，課題に対処することができるか」が，具体的な確認指標の例となっている。

（3）幼児児童生徒理解や学級経営等に関する事項

　この事項では，「子どもに対して公平かつ受容的な態度で接し，豊かな人間的交流を行うことができる」「子どもの発達や心身の状況に応じて，抱える課題を理解し，適切な指導を行うことができる」「子どもとの間に信頼関係を築き，学級集団を把握して，規律ある学級経営を行うことができる」の3点が，到達目標となっている。そして，「気軽に子どもと顔を合わせたり，相談に乗ったりするなど，親しみを持った態度で接することができるか」「子どもの声を真摯に受け止め，子どもの健康状態や性格，生育歴等を理解し，公平かつ

受容的な態度で接することができるか」「社会状況や時代の変化に伴い生じる新たな課題や子どもの変化を，進んで捉えようとする姿勢を持っているか」「子どもの特性や心身の状況を把握した上で学級経営案を作成し，それに基づく学級づくりをしようとする姿勢を持っているか」が，具体的な確認指標の例となっている。

（4）教科・保育内容等の指導力に関する事項

この事項では，「教科書の内容を理解しているなど，学習指導の基本的事項（教科等の知識や技能など）を身に付けている」「板書，話し方，表情など授業を行う上での基本的な表現力を身に付けている」「子どもの反応や学習の定着状況に応じて，授業計画や学習形態等を工夫することができる」の3点が，到達目標となっている。そして，「自ら主体的に教材研究を行うとともに，それを活かした学習指導案を作成することができるか」「教科書の内容を十分理解し，教科書を介して分かりやすく学習を組み立てるとともに，子どもからの質問に的確に応えることができるか」「板書や発問，的確な話し方など基本的な授業技術を身に付けるとともに，子どもの反応を生かしながら，集中力を保った授業を行うことができるか」「基礎的な知識や技能について反復して教えたり，板書や資料の提示を分かりやすくするなど，基礎学力の定着を図る指導法を工夫することができるか」が，具体的な確認指標の例となっている。

以上のような確認事項を踏まえ，教育実習には明確な目標をもって臨みたい。また，大学や自治体によって多少の違いはあるが，「教育実習評価表」にもこれらの観点が盛り込まれていることも踏まえておきたい。

新学習指導要領の特徴は，「何ができるようになるか」「何を学ぶか」「どのように学ぶか」「子供一人一人の発達をどのように支援するか」「何が身に付いたか」「実施するために何が必要か」の視点から，その目標の構造を大幅に変更したことがあげられる。とくに，「主体的・対話的で深い学び」の視点から学習過程の質的改善にまで踏み込んでいる点は，着目すべき点である。学校教

第2章　教育実習にあたって

育実践の場では，このような視点からすでに授業改善が勢力的に行われている。子どもの学びを促進する「学習指導」はどうあるべきかを深く考察した上で，教育実習に臨むことが肝要である。

3　教育実習校の確保と内諾

　教育実習校は通常，実習を受ける本人が受け入れ依頼をして内諾を得ることとなっている（学校あるいは地域によっては，在籍する大学等の事務をとおして自治体などに一括申請する形で申し込むところもあり，あわせて，当該地域の教員採用試験受験を前提としている地域もある）。多くは母校や居住地近くの学校に依頼することになるが，先述のように，学校には教育実習生を受け入れる法的責務はない。あくまでも，学校における正規の教育活動が優先することを踏まえておきたい。

　教育実習の内諾は，実習実施の前年度，できるだけ早い時期に行いたい。学校は，早い段階から次年度の教育計画を立て始める。さらに，学校によっては（とくに特別支援学校），実習希望者が多数にのぼり，実習生を受け入れる人的・時間的余裕がなくなる場合がある。まずは，実習校の確保と実習のための事務手続き，教職課程の履修を計画的に行うことが肝要である。

4　教育実習の事前準備と相互理解

　教育実習では，実習校と実習生の相互理解も重要な要素である。実習校の確保と実習のための事務手続き，教職課程の履修を計画的に進めたら，実習校の「学校要覧」（例：図2-1）や学校経営書等を手に入れ，実習校研究を進めておきたい。研究では，教育目標・理念，組織，幼児児童生徒数，取組みの特色などを理解しておくとよい。教育実習は，短い期間であるが組織体の一員になることであり，学校の教育目標や取組みを共有し，指導・助言を受けながら協働して教育活動に取り組むことにも意義がある。

　あわせて，目指す教師像・抱負や決意・取得（見込み）教員免許状・得意教

図2-1 「学校要覧」宇部市立黒石中学校の例

科・特技趣味等を含めた「教育実習生プロフィール」（図2-2）を作成し、実習校にも実習生のことを十分に理解してもらおう。可能な限り、事前に実習校を訪れ、十分な相互理解と打ち合わせを行いたい。

第2章　教育実習にあたって

氏　名			
実習中の住所	電話　　　　　　　　　　携帯電話		
履　歴			
教員免許状		特技・運動	
どんな先生なりたいですか（目指す教師像）			
目指す教師像に向かってどのような実習にしたいですか（抱負や決意）			

図2-2　教育実習生プロフィールの例

5　教育実習の開始と見通し

　教育実習生は，実習期間中，学校長および指導教諭の指導を受け，教育活動のほぼすべての領域に参加する。中等教育では，実習生の希望する教科・科目を実習校が受ける。そして，実習校の判断により担当教科・科目，クラスの配置が決まり，実習校教諭より教科指導，学級（ホームルーム）指導の担当が決定する。以下に，教育実習の概要と見通し（例）を述べる。

① 第1週目（講話，参観中心）

　第1週目は，実習校の概要や取組みの講話を受ける。具体的には学校長や教頭より，学校教育目標や取組みの特色，学校の組織的運営などについての講話を，教務・生徒指導・進路指導・保健指導担当からは，それぞれの分掌や領域に関する指導・講話を受ける。教科指導や学級指導の担当からは，随時，指導・講話を受ける。担当教諭の指導のもとに，授業や学級の参観が始まる。また，授業実習に向けて教材研究を進めていく。

② 第2週（授業実習や学級指導の開始）

　第2週目は，担当教諭の指導のもと，授業の教材研究・学習指導案の作成・その他必要な授業準備などを行い，授業実習が始まる。あわせて，学級での指

23

導も担当し，担任とともに朝・帰りの会の運営，給食や清掃などの指導を行う。

③ 第3～4週（最終週には研究授業の実施）

第3週目は，引き続き授業実習と学級指導を継続する。そして，最終週には「研究授業」が公開して実施される。研究授業は教育実習，とりわけ授業実習の集大成であり，事後は研究協議として総括・反省を，学校長をはじめ見学した教員が参加して行う。

その他，校内の環境整備，学校行事や部活動の指導を行うこともある。

6 教育実習の心得・留意事項

以上のことを踏まえ，「教育実習の心得・留意事項」を具体的に示す。重複する事項もあるが，熟読して教育実習にのぞんでもらいたい。また，必要に応じて「教育実習のしおり（手引き）」「教育実習簿」等も熟読しておくこと。

■教育実習の心得・留意事項

---

① 社会人・教育者としての身なり・態度

・実習生ではあるが，「教育者」としての自覚をもつこと。

・「誠実さ」「感謝」が大切。子どもたち，教職員，保護者，地域から学ばせていただく謙虚さをもってのぞもう。まずは，爽やかな挨拶と返事を心がけること。

・おしゃれは自分目線。身だしなみは相手目線。身だしなみを整えること。
　　→清潔感が大切。頭髪・服装（スーツ着用が基本）・化粧・装飾品など。

・公私の区別をつけた，正しい言葉遣いを心がけること。

・教育実習前から心身の健康管理に十分留意しておくこと。

・携帯電話，スマートフォンは，電源を切り控え室に保管しておくこと。

② 学校において（勤務・服務に準ずること，その他の留意事項）

・毎日出校後，ただちに「教育実習簿」の「出勤簿」に押印し，実習校の検印を受けること。出退校の際には，指導教員や管理職をはじめ教職員に一声かけること。「教育実習簿」は毎日所定の箇所に記入して提出し，指導教員の検印を受けること。

・実習期間中の欠席・遅刻・早退は認められない。病気や突発的な事故等でやむを得ない場合は，速やかに実習校に連絡すること。同時に大学の担当課にも連

第2章　教育実習にあたって

絡を入れること。

- 提出物，たとえば「教育実習簿」や学習指導案は期限までに，文字（ペン書き），様式を整えて提出すること。
- 実習校における教育目標を理解するとともに，各学年・学級（ホームルーム）の教育方針を理解し，指導・助言を受け，取組みの支援をすること。
- 指導教員とのコミュニケーションを密に取り，良好な関係を構築すること。「報告」「連絡」「相談」を励行すること。
- 研究的な態度は好ましいが，私見に基づいて教育方針や指導を批判することは厳に慎むこと。実習生であることを自覚すること。.
- 許可なく指定外の場所に入ったり，子どもたちや授業風景などを撮影（写真・ビデオ）しないこと。
- 学校は個人情報にあふれている。個人情報は持ち出さない，言わないこと。校内の資料を許可なくコピーしたり，外部に持ち出さないこと。
- 学校外での子どもたちの話題は慎重にすること。教員（公務員）には守秘義務があり，実習生もそれに準ずる。SNS等への軽はずみな投稿は，厳に慎むこと。実習後も同様である。
- 子どもの健康，安全管理に十分留意すること。

③　指導において（子ども理解・学級・授業）

〇子ども理解など

- 指導の原点は，子ども理解と関係づくりにある。子どもたちと接する機会を多く取り，聞き役に徹しよう（休み時間・給食・清掃・部活動時など）。
- 早い段階で子どもたちの名前を覚えよう。名前で呼ぶことが基本である。許可が得られれば，担当する学級（ホームルーム）の名簿や写真を見せていただこう。
- 「子ども理解」「ものわかりのいい先生」を誤解しない。子どもに迎合することではない。「子ども目線」は大切だが，指導者であることを忘れないこと。
- 人気者になるための実習ではない。気の合う子どもだけと喋らないこと。立場の弱い子ども，人間関係づくりの苦手な子どもを常に意識すること。当然のことだが，すべての子どもを平等に見ていくことが大切である。余裕があれば，子ども同士をつなげていってほしい。
- 子どもたちや保護者からの相談には，実習生としての限界があることを自覚すること。相談があった際は，必ず指導教員に報告し指示を受けること。中途半端なカウンセリングは誤解を生みやすい。
- 学校外で，子どもとの意識的な接触は厳に慎むこと。メールアドレスをはじめ

25

連絡先の交換なども厳に慎むこと。

- 思春期は，疑似恋愛対象を憧れの対象や親しい対象に転移させやすい時期である。軽はずみな言動で誤解を与えないようにすること。

○学級（ホームルーム）において

- まずは学級目標をおさえること。そこに指導のすべてが集約する。
- 特別活動のキーワードは「望ましい人間関係の構築」であることを念頭に，きまり・仕組み（たとえば係活動や給食当番）を視点として諸活動を観察し，子どもの所属感・居場所ならびに自己存在感を考察しよう。
- 子どもたちをつなげるための方策（関係性の構築）を考察しよう。
- 教室環境は大切である。机やロッカーの整理整頓，掲示をはじめ，先生方の教室運営も観察しよう。同時に言語環境にも配慮し，正しい言葉遣いを励行しよう。

○授業において

- 本時の目標をおさえること。どんな力をつけるのか。何を理解させるのか。
- 「主体的・対話的で深い学び」をキーワードとして学習指導のあり方を考察していくこと。授業は説明や解説に終始することではない。子どもの学習活動を促進することである。
- 多くの先生方の授業（担当する教科以外でも）を参観させていただくことも大きな財産になる。授業を参観させていただく場合は，事前に了解を得ておくこと。
- 「学習指導案ができたら指導を受けよう」ではなく，まとめるための指導を受けよう。研究授業を参観してくださった先生方には事後に必ずお礼を言い，指導を受けよう。

④　その他

- 教育実習終了後に「学校長」「教職員の皆様方」にお礼状を出し，感謝の意を表そう。子どもに渡すものがあれば，指導教員を通じて渡していただくこと。実習後に学校行事等に参加するときは，必ず学校長の許可を得ること。

7　学習指導案

　最後に，学習指導案の意義と書き方についてふれておく。学習指導案は，子どもたちに「どのような力を育成するために」「どのような内容を」「どのような教材や資料を用いて」「どのように学習指導をしていくのか」を具体的に述

べるものである。学習指導案を作成することによって，授業者は単元の意味や本質を深く理解し，子ども理解を進め，学習指導方法についての研究を重ねていく。この一連の流れを一般的に「教材研究」と呼んでいる。学習指導案は，教材研究に基づいて授業構想を具体化・具現化していく，授業の設計図（計画書）の役割をもっている。

　学習指導案は研究授業の際にも用いられ，授業の計画や進行，評価の観点等を共有する資料ともなる。授業後の検討会では，学習指導案と授業記録に基づいて授業の振り返りと省察がなされる。このような PDCA サイクルによって，授業改善が有為になされるのである。

　教育実習の際には，ほぼ毎回の授業で学習指導案の作成（日々の授業は「略案」，研究授業は「細案」）が課される。学習指導案には決まった様式はなく，実習校がその考え方に基づいた独自の様式をもっている場合が多い。学習指導案作成の大まかな手順を，下に記しておく。

単元（ある程度の学習内容や学習活動のまとまりを指す）の確定：教科書と対応している→新学習指導要領の「2内容」の該当箇所や同解説の記述を確認→単元目標（評価）を「知識及び技能」「思考力，判断力，表現力等」「学びに向かう力，人間性等」の3点から明示⇔単元（題材・教材）観・児童観・指導観の記述→単元の指導計画作成→本時の指導計画作成→評価計画の作成

　学習指導案作成の詳細は，本書の第4章，第6～10章や，「新しい教職教育講座　教科教育編」の各教科・領域を参照されたい。また，各地の教育委員会や教育センターのホームページに掲載している場合もある。こちらも参照したい。

○○科学習指導案

指導者　○○○○

1．日　時　（和暦）○○年○月○日（○）第○校時
2．学　年　第○学年○組（○○名）
3．単元名　例）水産業のさかんな地域

４．単元目標（新学習指導要領の定める３つの観点に基づいて記述すること）

【知識及び技能】

【思考力，判断力，表現力等】

【学びに向かう力，人間性等】

５．単元（題材・教材）観

　新学習指導要領「２内容」の記述に基づいて研究し，記述する。

６．児童（生徒）観

　単元目標の３観点に基づいて，本単元を学習するにあたっての児童の実態：生活経験や学習履歴，興味関心や学力の状況（レディネス）等を把握する。

７．指導観

　単元観・児童（生徒）観に基づいて，単元の指導構想を述べる。

８．単元の指導計画

　指導観をさらに具体的・体系的に表し，単元の見通しを明示する。評価の観点なども含め図表形式で記述する場合が多い。

９．本時の指導計画

　本時の見通しを図表形式で表す。通常，縦軸に「導入・展開・振り返り」の学習指導過程を，横軸に「学習内容・学習活動・指導上の留意点・評価の観点等」の学習指導の構成要素を記述する。

10．本時の目標

　本時でつけたい力，理解させたい内容を具体的に記述する。

	学習内容	学習活動	指導上の留意点
導入			

8　　教育実習に臨む

　本章では，教育実習にあたっての心構えや留意点を中心に学習を進めてきた。繰り返しとなるが，将来の教職に対する明確な意図をもち，必要最低限の知識・技能を備え，自身の教職に対する適性を客観的に見つめた上での履修を心得てもらいたい。

第 2 章　教育実習にあたって

学習の課題

(1)　「教職実践演習」の教員として求められる 4 つの事項の「到達目標」「目標到達
　の確認指標例」の要点をまとめてみよう。

(2)　教育実習の手続きと実施の留意点について，要点をまとめてみよう。

【さらに学びたい人のための図書】

上田征三・高橋実・今中博章編著（2017）『基礎から学ぶ特別支援教育の授業づくり
　と生活の指導』ミネルヴァ書房。

教育実習研究会編（2002）『幼稚園教育実習ノート』協同出版。

教育実習研究会編（2001）『小学校教育実習ノート』協同出版。

教育実習研究会編（2001）『中学・高等学校教育実習ノート』協同出版。

高野和子・岩田康之（2010）『教育実習』学文社。

谷田貝公昭・高橋弥生編著（2017）『幼稚園教育実習』一藝社。

宮崎猛・小泉博明編著（2012）『教育技術 MOOK 小学校・中学校・高校対応 教育
　実習まるわかり』小学館。

　⇨以上は，それぞれの校種の教育実習について詳しく学べる書籍である。

（小林　隆）

第3章 教育実習の実際（1）
——観察，参加実習

この章で学ぶこと

　教育実習は，まず実習現場である「学校」「学年」「学級」の雰囲気を感じとることからスタートする。自分が抱いていた現場のイメージとの違いを肌で感じることからスタートするのである。そして，各校独自の教育実習計画に基づいて管理職・各主任等による講話が実施される。その時点で，すでに実習における「観察」「参加」が実践されているという自覚が必要である。

　本章では，実習生が漫然と授業等を観察し，受身的に教育活動に参加するのではなく，①学校組織と校務分掌，②学年経営・学級経営・生徒指導，③学習指導という3つの視点から学ぶことによって，観察，参加実習が主体的・具体的に実践できるよう意図している。

1 学校組織と校務分掌

（1）学校組織

① 学校組織の特徴

　一見，学校というところは，個々の学級担任・教科担任が授業および学級経営を任され，個々の学級担任・教科担任の責任と裁量によって学校教育が成立しているという感が強く，学校という「組織」の中で学校教育が実践されているというイメージが薄いように思われているのではないだろうか。

　そもそも「組織」とは，2人以上の人間が，協働する体系のことであり，その成立条件として，共通目的・貢献意識・コミュニケーションの3つがあげられ，その成立条件でいえば，学校は「組織」の成立条件を満たしている。

　ただし，学校という組織は鍋の蓋のようであり，いわゆるフラットな「鍋蓋

第3章　教育実習の実際（1）

式組織」といわれ，一般社会の組織（ピラミッド型）とは異質な存在である。鍋蓋式組織とは，真ん中に飛び出ている蓋をつかむつまみが校長・教頭という管理職であり，それ以外の教職員は皆同じ立場にあるということの象徴的表現である。管理職以外の教職員は皆同じ立場であるといっても，教諭（担任・担任外）・養護教諭・栄養教諭・事務職員・管理用務員（地域，学校によって呼称が違う）・給食調理員（小学校）といった職種・専門性の違いがある職場であることに大きな特徴がある。

② 学校組織の見直し

　中央教育審議会「今後の教員給与の在り方（答申）」の「第2章　教員の校務と学校組織運営体制の見直し」（2007（平成19）年）では，学校をめぐる環境の複雑化に伴い，教頭職の業務の増大化と校務分掌上の部科や主任のあり方等既存の学校組織について指摘され，主幹教諭・指導教諭といった縦の関係を構築するためのポストが新設され，いっそう効率的な学校運営構築を目指した「ピラミッド型」の組織が形成されている。

　その後，中央教育審議会「教職生活の全体を通じた教員の資質能力の総合的な向上方策について（答申）」（2012（平成24）年）では，これからの社会と学校に期待される役割が明記されている。そこから読み取れることは，変化が激しく先行き不透明な国際社会において，（今日の日本が置かれている状況を踏まえて）これからの学校教育は，実社会・実生活で生きて働く学力観への転換が求められ，育成すべき学力の範囲が学校の中だけで完結する時代は，もはや終焉しているということである。

　つまり，これからの学校は，幼児児童生徒がより多くの他者と出会い関わる中で，「生涯にわたって学び続ける基盤を創造するコミュニティ」としての場であり続けることが求められる。それは必然的に，いままでの教育課程のあり方や授業等での指導法改善等が求められ，その職務遂行は担任一人だけの力では，到底不可能であることを物語っている。

　一方，学校においては学力や授業改善という課題だけではなく，幼児児童生徒の不登校・いじめ・虐待といった問題や保護者の相談等の案件が増大化し，

31

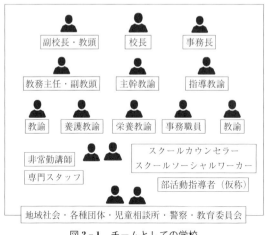

図3-1　チームとしての学校
出典：文部科学省，2015，7頁．

その解決に教師だけの力では対応しきれず，「多忙化」という問題に発展している。そのため，図3-1の示すように，スクールカウンセラー，スクールソーシャルワーカー等専門スタッフならびに地域社会からのボランティアによる学校教育への連携・協働が図られ，学校外からの支援体制の確立が必要である。

　このように，これからの学校教育のあり方は，個々の担任と管理職だけの働きかけで成立するものではなく，学校組織として意思決定がなされ，それに基づいて協働していくという「チームとしての学校」の観点で日々の教育活動が実践されているということを理解しなければならない。

　日々の教育活動が，担任という個の働きかけなのか学校組織としての働きかけなのかを問いながら，観察・参加実習することが求められる。

③　チームとしての学校

　「チームとしての学校」が求められる背景は，①新しい時代に求められる資質能力を育む教育課程を実現するための体制整備，②複雑化・多様化した課題を解決するための体制整備，③子どもと向き合う時間の確保等のための体制整備の3つがあげられている（中央教育審議会，2015）。

　そして，「答申」は「チームとしての学校」が成果を上げるために，必要な教職員の配置とともに，「専門性に基づくチーム体制の構築」「学校のマネジメント機能の強化」「教員一人一人が力を発揮できる環境の整備」の3つの視点から学校マネジメントモデルへの転換を図っていくことが必要であると提言し

ている（中央教育審議会，2015）。

　学校現場は，地域性や幼児児童生徒数等という学校規模による違いはあるものの，年々多忙化する職場と化している。その教育現場で，とりわけ学級担任の置かれている状態は，多忙化から孤立化を招き，それが非効率化を生み，さらに多忙化となるといった悪循環をもたらしている。そうした現状を解消するための方策が，「チームとしての学校」である。

　では，チームで学校をつくるために必要な教職員の資質能力とは何であろうか。それは，以下の4つがあげられる。

1）　使命感や責任感，教育的愛情

2）　対人関係能力

3）　プロジェクト遂行能力

4）　職務遂行能力

　これら個々の資質能力は，教職経験年数やキャリアステージに応じて段階的に求められる割合が変化してくるのであるが，その基礎・基本として共通して必要不可欠なものは，個々の教職員が「学校組織の一員」であるという自覚である。個々の教職員が仕事や仕事上の悩みを一人で抱え込むことなく，他者と「報告・連絡・相談」し，協働し，同僚性を築いていくことが何より求められ，その営みこそが「組織の一員」という自覚をさらに育むのである。教員には，個として幼児児童生徒・保護者・同僚等と関わるだけではなく，チームの一員として他者と関わることが必要である。同僚性とは，教員間の学び合いや支え合い，協働する力などの学びの共同体としての学校の機能である。

　実習生は，実習がたとえ短期間であり，観察・参加実習の段階であっても，「チームとしての学校」で求められる資質能力を意識し，「学校組織の一員」としての自覚のもと，指導していただく教員をはじめ多くの教職員の方々を観察し，何かあれば必ず「報告・連絡・相談」を行い，同僚性を築いていくことが求められる。

（2）校務分掌

　校務分掌とは，単なる学校内における役割分担ではなく，学校長が学校運営を行うにあたって，学級担任や教科担任を含めて，校務を処理するため，教職員に校務を分担させる組織である。校務とは，校長がつかさどり，学校で行われる教育活動や事務処理，およびこれに付随する業務一般のことを指し，学校が組織として教育活動を遂行していく上で必要不可欠なすべての仕事である。

　したがって，校務を遂行するということは，学校長の教職員に対する職務上の命令を遂行することになる（地方公務員法第32条，地方教育行政の組織及び運営に関する法律第43条）。校務分掌が十分に機能するか否かが，学校教育目標の具現化や経営戦略を各分掌で確実に実施できるかどうかを大きく左右するのである。

　担任は，授業とその準備である教材研究に多くの時間と労力を費やしている。一方で，校務分掌という組織の中においても校務を遂行しているのである。校務分掌は，校種によって違いがあるが，同校種においてはほぼ同様の組織形態を構成している。ただし，学校規模や特色ある学校づくりによって，校務内容や兼務状態に大きな違いがある。

　校務分掌には，校内研究，人権教育，生徒指導，特別活動など様々な業務を遂行する組織があり，それぞれが目標設定し，計画・実行している。つまり，学校組織という大きなチームは，校務分掌という小さなチームで成り立っているのである。そのため，学校内では職員会議のほかに校務分掌での大小様々な会議が開かれている。

　校務分掌での会議は，教職員間のコミュニケーションを図る場であり，その目的と内容によって，様々な場面で計画的・臨時的に行われる。それは，教職員相互のコミュニケーションをとおして，共通理解・アイデアの創造・意思決定という重要な役割をもっている。そこでは，個々の教職員が，互いに価値観の交流をとおして，組織として共通の考えを形成するのである。

　実習生は校務分掌の任務を担うことはないが，校務分掌という一つの組織の中で教職員同士が互いに連携・協力する姿を見てチームとして協働することの

大切さを学ぶであろう。

2 学年経営・学級経営・生徒指導

（1）学年経営

　校務分掌上，単学級を除けば，担任（教員）の所属感が最も強いのが学年である。個々の担任にとって，一番身近で安心して「報告・連絡・相談」できる場が学年である。その重要な学年を，学校教育目標具現化へのベクトルをそろえる意味として位置づけるならば，学年経営の果たす役割は非常に大きい。

　学年経営は，学校経営系列化において，学校経営と学級経営との接点に位置し，双方向の基点となっている。つまり，学年経営の出来不出来が学校経営と学級経営の出来を左右するといっても過言ではないのである。

　学年経営のスタートは，学校教育目標を受けて学年としての目標を設定することから始まる。その目標は，個々の幼児児童生徒の実態と学年全体の実態を的確に把握し，その資質能力をどのレベルまで高め（目的），そのための方策（手段）をどのように創造していくのか，具体化・共有化することが重要である。

　以前の学校では，担任一人が学級の幼児児童生徒だけを掌握し，担任一人で授業を行い，指導することこそが学級経営といわれてきた。しかし，目まぐるしい時代（社会）の変化と教育界の世代交代の波を背景として，担任一人の孤軍奮闘による学級経営が，もはや困難な状況になってきている。

　時代は，一人ひとりの子どもたちの個性を能力とする時代，かつ，多様化した社会に対応する能力が求められる時代に転換しており，一人の教師が担う対象が複雑化している。そこにおいて，一人ひとりの子どもたちの実態に合ったきめ細やかな教育を行うには，これまでの「担任」という制度では限界が生じている（髙木，2015，24頁）。

　学級経営を「担任」一人が担うということが困難な時代を迎え，これからの教育的ニーズに向き合うためには，個々の教師の力を，組織としてチームとし

て生かすことが大切であり，そこに学年経営の醍醐味がある。

多くの学校では，円滑な学年経営のために「学年会」が設定されている。学年会は，原則週1回で曜日・時間帯は固定化されているのが理想である。「学年会」で話し合う内容は，連絡事項の確認や行事計画，授業進度の調整，生徒指導上の問題等多岐にわたる。とくに，課題のある幼児児童生徒の様子や保護者対応等について話し合う場合，長い時間を要することが多々ある。

しかし，通常の学年会の中で最も重要なことは，授業力向上に向けた教材準備や教材研究に取り組むことである。学年のメンバーとともに，育てるべき学力やその指導法改善について交流し研究することが，すべての幼児児童生徒に確かな学力を育成していくことになる。担任にとっても，教材研究という協働の営みによって，多面的で質の高い幼児観・児童観・教材観・指導観が形成されていくのである。実習生が，学年会に一部でも参加できたら有益である。

（2）学級経営

①　学級経営とは何か

子どもたちは，大半の時間を学級で過ごし，そこでの集団体験が子どもたちの学びと育ちに大きく影響している。学級は，育ちや価値観，能力，体力等が異なる子どもたちが集まる小さな社会であるといえる。小さな社会である学級の理想的な姿は，どのような姿であろうか。

それは，どんな場合でも子どもたち同士の相互のつながりが存在し，誰もが学級の一員であるという「所属感」，ありのままの自分を受け入れてくれるという「安心感」，思う存分自分の力が発揮でき皆に認めてもらえるという「達成感」，そして自信をもって次にチャレンジしようと意欲がわく「充実感」という4つの感で満たされている学級が理想といえよう。

その4つの感で満たされている学級には，子どもたちが互いに支え合い認め合う「支持的風土」が必ず存在している。支持的風土のある学級では，教師と子どもたちとの関係である縦糸と子どもたち同士の関係である横糸がしっかりとつながれている。

表3-1　学級経営の範囲

教育課程の授業・学習指導			生徒指導・進路指導　学校経営, 学年経営		
国語	社会	授業を通じた学級経営	朝の会・終わりの会	授業外の学級経営	条件整備・人間関係づくり　学級文化創造
算数・数学	理科		休憩時間・給食		
英語・外国語	音楽		組織づくり		
体育	技術		トラブル対応		
家庭科	生活		学級事務		
図工・美術	総合		学校・学年経営との連絡・調整		
特別活動	道徳		保護者との連絡・調整		

出典：白松, 2017, 16頁。

　担任が, 個々の子どもたちをより深く理解するため, どれだけ広い視野で観察し, どれだけ適切なタイミングで叱り, 褒め, 言葉かけを行っているのかを観察・記録することが重要である。さらに, 一人ひとりの幼児児童生徒の理解だけではなく, 一人ひとりの幼児児童生徒が学級内でどのような位置に存在し, どのような人間関係を築いているのかを観察する必要がある。

　では, そもそも「学級経営とは何か」と問われた場合, 担任は, どのように答えるのであろうか。その問いに対しては, 個々の担任によって答え方に違いが出てくる。なぜなら, 「学級経営」が学級における担任のすべての仕事に関わる用語であり, その仕事の範囲は広く, 担任個々の学級経営に対する考え方や想い, 捉え方が多様だからである（白松, 2017, 15頁）。

② 　学級経営の範囲

　学級経営の範囲は, 表3-1で示したとおり, 「授業を通じた学級経営」と「授業外の学級経営」の大きく2つに分かれる。

　担任には, 学級経営とは授業や教育活動のための「条件整備」にあるという考え方を重視する者と, 「人間関係づくり」や「集団づくり」をも学級経営に含むと考える者が存在している。いわば, 前者は「狭義の学級経営観」であり, 後者は「広義の学級経営観」と位置づけられ, 2つの学級経営観は, 対立し相

反するものではなく，狭義の学級経営を広義の学級経営が包含すると考えられる（白松，2017，17-18頁）。

　学級経営においては，地域での異年齢集団が崩壊した現在，学級での集団活動をとおし，実社会で必ず必要となる社会性や人間関係形成能力を身に付けさせる指導がいままで以上に求められている。

　実習生は，学級担任が学級経営において幼児児童生徒たちと向き合い関わり合う中，どのように信頼関係を構築しているのか，幼児児童生徒一人ひとりに自己有用感をもたせるようにどのような配慮や働きかけをしているのかを，具体的な場面から学ぶことは多いはずである。

　だからこそ，実習生は，授業中はもちろんのこと授業外の日常指導（朝の会・休み時間・清掃時間・給食や食事時間・終わりの会等）の実際についても念入りに担任の言葉かけと行動を観察（記録）し，自ら主体的に参加実習に取り組まなければならない。

　さらに特別活動における学級活動・ホームルーム活動等を観察，参加実習することにもなると思うが，担任の学級経営についての考えや方針を十分に踏まえ，臆することなく積極的に話合い活動における学級経営の「支持的風土」育成にも尽力してほしい。

（3）生徒指導

① 生徒指導とは何か

　　生徒指導とは，一人一人の児童生徒の人格を尊重し，個性の伸長を図りながら，社会的資質や行動力を高めることを目指して行われる教育活動のことです。すなわち，生徒指導は，すべての児童生徒のそれぞれの人格のよりよい発達を目指すとともに，学校生活がすべての児童生徒にとって有意義で興味深く，充実したものになることを目指しています。生徒指導は学校の教育目標を達成するうえで重要な機能を果たすものであり，学習指導と並んで学校教育において重要な意義を持つものと言えます。

　　各学校においては，生徒指導が，教育課程の内外において一人一人の児童生徒の健全な成長を促し，児童生徒自ら現在及び将来における自己実現を図っていく

第3章　教育実習の実際（1）

> ための自己指導力の育成を目指すという生徒指導の積極的な意義を踏まえ，学校の教育活動全体を通じ，その一層の充実を図っていくことが必要です。
>
> （文部科学省，2010）

　生徒指導という言葉のイメージから，生徒指導を問題行動の対応といった補導的な面（消極的生徒指導）のみで捉えがちではある。しかし，本来の意義は，問題行動を幼児児童生徒自らが未然に防止する実践力や自己実現を図るための自己指導力を育成する開発的な面（積極的生徒指導）の指導に重点を置くことにある。

　たとえば，新小学校学習指導要領「総則」の「第4　児童の発達支援」の「1　児童の発達を支える指導の充実」において，教育課程の編成および実施にあたって配慮すべき事項として「児童が，自己の存在感を実感しながら，よりよい人間関係を形成し，有意義で充実した学校生活を送る中で，現在及び将来における自己実現を図っていくことができるよう，児童理解を深め，学習指導と関連付けながら，生徒指導の充実を図ること」と定めている。

② 　生徒指導の基盤となる幼児児童生徒理解

　「生徒指導は，幼児児童生徒理解に始まって幼児児童生徒理解に終わる」といわれるように，生徒指導の基盤は幼児児童生徒理解にある。幼児児童生徒一人ひとりの特性や家庭背景，その所属する集団や保護者の実態までも把握していくことが大切である。その幼児児童生徒理解のポイントは，以下に示すとおりである。

1) 　幼児児童生徒を多面的・総合的に理解する。

2) 　幼児児童生徒を客観的に理解する。

3) 　担任以外の教職員からの情報に基づき，広い視野から理解する。

4) 　日頃から幼児児童生徒の言葉に耳を傾け，その気持ち（本意）を敏感に感じ取る。

5) 　幼児児童生徒の不安や悩みに目を向け，内面に対する共感的理解をもって幼児児童生徒と関わる。

6) 児童期・青年期の発達段階の特徴を熟知しておく。

7) 幼児児童生徒理解の深化とともに，幼児児童生徒との信頼関係を築く。

担任には，一人ひとりの幼児児童生徒理解に基づいて，適切な働きかけが求められる。常に，自分の目と耳で幼児児童生徒の行動や様子を確認し，幼児児童生徒の内面の把握に努める必要がある。その幼児児童生徒観察の留意点は，次の3点である。

1) 幼児児童生徒の何を見るのかを意識する。

  例：表情・服装・髪型・外傷・言葉遣い・持ち物・友達関係

2) 担任から一人ひとりの幼児児童生徒に寄り添う。

  例：挨拶・言葉かけ・褒める・叱る

3) 担任から幼児児童生徒が相談しやすい雰囲気をつくる。

  例：笑顔・作業を止めて話を聞く・多忙感を出さない・うなずく

③ 望ましい人間関係づくり

子どもたち相互の人間関係のあり方が，子どもたちの健全な成長や学力向上と深く関わっている。望ましい人間関係づくりにおいて最も重要なことは，子どもたち一人ひとりが存在感を感じることにある。子どもたち一人ひとりが，「ここは私の居場所だ」と実感でき，学級や学年の仲間が「その子は私たちの仲間だ」と意識できることにある。

そのためには，自他の個性を尊重し，互いの身になって考え，相手の良さに気づくように努めなければならない。また，互いに協力し合い，よりよい人間関係を主体的に形成していこうとする態度の育成が求められる。それらは，学級・学年・学校の教育環境の形成が必要不可欠である。学校体制として，幼児児童生徒の情報収集に努め，共有化していくことが大切である。

実習生は，幼児児童生徒のありのままの姿から発達段階の特徴を把握し，表面的な現象面だけで判断するのではなく，内面から発せられる様々な声に，常に目と耳を傾けることが大切である。どんな些細なことであっても，気になることがあれば学年・教職員組織内で情報を共有する姿勢が求められ，そうした関わりの中で幼児児童生徒の置かれている背景にまで理解が深まるのである。

第3章　教育実習の実際（1）

　生徒指導は，全教育活動をとおして実践されるものであり，短期間での実習期間中であっても多種多様な場面に遭遇するであろう。そのとき，「どう指導しようか」という視点よりも「指導すべきことは何か」を見逃さないことが先決問題であり，担任やほかの先生方との情報の共有化が重要である。

3　学習指導

　実習生と学習指導との関連については，小学校における原則一人の担任が全教科を担当する学級担任制と中高等学校における特定の教科を複数の学級や学年で指導する教科担任制とでは，大きな違いがある。

　小学校では，実習生を指導する学級担任の学習指導を観察し，中高等学校では，特定の教科の学習指導を観察するだけではなく実習生を指導する学級担任の学習指導を観察する。

　ただし，幼小中高等学校の全校種において，実習期間中にできる限り，他の学級や学年，担当教科以外の教科領域についても観察，参加することが望ましい。

　そこで，学習指導を観察する際，ただぼんやりと教室に立って担任や幼児児童生徒を眺めているだけでは観察する意味がない。観察では，自らテーマをもつことや観察のポイントを決めておくことが必要である。

〈授業観察のポイント〉

① 　授業の組み立て（流れ）

　授業は，目標（ねらい）達成に向けて，幼児児童生徒の思考の流れを想定して組み立てる。「導入・展開・終末」「起・承・転・結」でいい表すようなストーリー性をもっている。それは，1 単位時間の流れと単元（題材）をとおして設定されるものである。

② 　発　問

　教科指導における「発問」とは，「授業の目標の達成を促すための問いかけ」であり，何気ない「質問」とは異なる。つまり，「発問」とは，幼児児童生徒に理解を深め思考を促すものであり，幼児児童生徒の反応や思考傾向を予想し

41

たものであり，幼児児童生徒にとって「明確な発問」である必要がある。

「発問」には，本時の目標と直結した「中心発問」と「多様な考えを引き出す発問」「考えをゆさぶる発問」等がある。担任の発問の意図と幼児児童生徒の反応を関連づけて観察しながら，自分ならばどのような「発問」をするのか考えることが大切である。

③ 指 示

教科指導における指示とは，幼児児童生徒の学習活動を促すものである。幼児児童生徒が，具体的に何をするのかを指し示すときに多く使われる言葉かけである。そのためには，幼児児童生徒にとって「的確な指示」でなければならない。

④ 助言と説明

「助言」には，補足・提案・称賛・同意・修正などの「学び」を支援する言葉かけがある。幼児児童生徒の発言や反応に対して担任がどう受け止め，リアクションするかが大切である。「適切な助言」とは，そのタイミングと内容が幼児児童生徒にとって有効であったか否か，授業中の担任の重要な役割の一つである。

「説明」には，何より簡潔さとわかりやすさが求められる。担任が，学習者である幼児児童生徒に知識伝達を目標とした講義的で説明中心な授業であれば，「主体的・対話的で深い学び」へと導くことは困難である。

「説明」は，教材の内容や教材理解の方法，学習問題に対しての担任の判断基準・判断等についてシナリオ化していくことが必要である。また，幼児児童生徒の反応から補足説明も同様である。シナリオ化された説明は，「簡潔な説明」であることが必須である。

⑤ 板 書

「板書」とは，黒板（白板）に文字や図などを書いたり学習資料を添付したりする活動をいう。板書は，単なる教師のメモ書きのためのものではなく教師の占有物でもない。

「板書を見れば，授業がわかる」といわれるほど，「板書」という行為は，教

師の意図に基づいて記録される営みである。「板書」された内容から指導の流れ，すなわち幼児児童生徒の思考の流れが明確になる。幼児児童生徒は，絶えず「板書」を見て思考し，つぶやき，発表するのである。「板書」は，一つの思考のツールといえる。加えて，サイド黒板やICTも重要なツールであり，「板書」との効果的な活用が重要である。

⑥ 所　作

「所作」とは，担任の立ち振る舞いのことである。具体的には，教師の表情，視線，声の質，身振り手振り等のことであり，そうした「所作」が幼児児童生徒にどのように影響しているのかを考えながら観察する必要がある。

以上のポイントを踏まえて授業を観察するのであるが，重要なことは観察する場所であり，留意点として以下の4つがある。

• 教師側…教師の立ち位置から幼児児童生徒を観察し授業を見る。
• 幼児児童生徒側…幼児児童生徒の位置から教師を観察し授業を見る。
• グループ…机間巡視しながら幼児児童生徒の反応を観察し授業を見る。
• 焦点化した幼児児童生徒…気にかかる幼児児童生徒の反応を観察し授業を見る。

〈観察，参加実習記録の取り方——実習簿の記入〉

教育実習簿は，単に日々の個人的な振り返りを記入するものではなく，業務日誌であり教育実習の評価の基礎となるものである。実習簿を読めば，実習生の観察と参加実習の視点と学びが明確となる。大学によって様式は異なるが，時間ごとに観察・実習の内容と方法等がわかるよう具体的かつ簡潔に記入することが重要である。

以下，観察，参加実習記録の留意点を示したい。

1) 日々子どもたちと交流し関わったことを忘れず，こまめに記録メモを取り，その後，分析考察し，中心的課題を明確にして，簡潔に実習簿へ記入する。

2) よく発言し目立つ子どもたちのみを対象とするのではなく，より多くの子どもたちの反応を記すことが大切である。

3) 担当教員から実習生に指導助言されたことについては忘れずに記入する

こと。その際，反省点や学んだことを明確にし，今後に活かせることを具体的に実習簿へ記入する。

4) 配布物等の資料があれば添付すること。

5) 誤字・脱字・文章のねじれがないように，数回推敲し校正すること。

6) 丁寧な文字で，段落に気をつけ，箇条書きを活用すること。

7) 毎日必ず下校時に担任・指導教員に提出すること。

引用文献

白松賢（2017）『学級経営の教科書』東洋館出版社。

髙木展郎（2015）『チーム学校を創る』三省堂。

中央教育審議会（2007）「今後の教員給与の在り方（答申）」3月29日。

中央教育審議会（2012）「教職生活の全体を通じた教員の資質能力の総合的な向上方策について（答申）」3月28日。

中央教育審議会（2015）「チームとしての学校の在り方と今後の改善方策について（答申）」12月21日。

文部科学省（2010）『生徒指導提要』3月。

文部科学省（2015）「チームとしての学校・教職員の在り方に関する作業部会（中間まとめ）」7月16日。

（学習の課題）

(1) 学校組織マネジメントとは何か。学校組織の現状と課題を踏まえて説明できるようにしておこう。

(2) 学級経営と生徒指導を関連づけて考察し，「学級づくり」のためにどのようなことを大切にして取り組んでいくのか。「個と集団」への指導のあり方について説明できるようにしておこう。

【さらに学びたい人のための図書】

加藤崇英編（2016）『「チーム学校」まるわかりガイドブック』教育開発研究所。

　　⇨「チーム学校」の意義・内容と方向性について具体的に著されている。

白松賢（2017）『学級経営の教科書』東洋館出版社。

　　⇨「学級経営」が単なるイメージや経験談でなく，理論的にわかりやすく著されている。

（伊藤陽一）

第4章	教育実習の実際（2）
	──授業実習

この章で学ぶこと

　教育実習は，観察・参加実習を経て，実習のメインである授業実習の段階を迎える。授業実習とは，授業（教科・道徳・総合的な学習の時間等）を実習生自らが教壇に立って，実践することである。

　授業を行うためには，教材研究を行い，学習指導案・板書計画を作成し，教材教具等を揃え，事前に担当教員からの指導助言を得るという綿密で丁寧な準備が必要である。一時間の授業は，幼児児童生徒にとって決して取り返しのつかないかけがえのない貴重な時間という認識をもち，安易な気持ちで授業に臨むことがあってはならない。

　本章では，①授業と学習指導，②学習指導案の作成，③授業実施の実際・研究授業という3つの視点を学ぶことによって，授業実習が主体的・具体的に実践できるよう意図している。

1　授業と学習指導

（1）授業とは何か

　教育実習において，教育活動を構成する教科・特別の教科道徳・総合的な学習の時間・外国語活動などの各教科・領域の学習指導が最も重要視される。学習指導の中心は授業であり，授業こそが教師として最も力量を問われるものであり，実習生にとっても一番の関心事であり課題である。

　授業とは，意図的・計画的な営みであり，場当たり的に行うものではなく用意周到な準備が必要である。授業には，大きく次の3つの構成要素がある（北，2009，8頁）。

45

① 目　標

　目標とは，授業（指導）をとおして，幼児児童生徒にどんな力（資質能力）を身に付けさせたいかということを明確に設定したものである。一般的な目標は，知識や技能，思考力や判断力，表現力などの能力と関心・意欲・態度などの内容で設定される。

② 学習内容

　学習内容とは，目標を実現させるために必要となる学習事項のことであり指導するポイントのことである。学習内容は，基本的に共通性と固定性をもち，学校によって違うことはなく，学習内容を踏まえてこそ，教材化が図られるのである。

③ 指導方法

　学習内容を習得させ，目標を実現させるための学習の仕方や環境整備等も含めて指導方法という。指導方法を工夫するためには，目標と内容を指導者が深く理解しておくことが前提となる。

（2）授業づくり（教材研究）

　以上の3つの授業構成の要素を踏まえて，具体的な「授業づくり」に取り組まなければならない。「授業づくり」のためには，以下のポイントを踏まえることが必要である。

○教　材……学習内容を身に付けさせるための題材。教材は，学校や学級によって変化し多様である。

○素　材……幼児児童生徒に提示する教材の元となるもの。素材を幼児児童生徒の発達段階や興味関心等の状況によってつくりかえることを「教材化」という。

○資　料……学習するときに手がかりとなるもの。文章，実物，挿絵，写真，地図，図表，グラフ，年表，映像等，様々な形態がある。

○学習活動……「話す」「聞く」「書く」「読む」という基本的な活動から，「話し合い」「討論」「発表」「調査」「観察」「見学」「実習」「実験」「製作」「演奏」「体験」「表現」等，教科や領域の特性によって様々な活動がある。

第4章　教育実習の実際（2）

○**学習過程**……学習活動の筋道であり組み立て方である。学習過程は，幼児児童生徒のおもいや考えを想定したストーリー性をもたせることが重要である。

　学習過程にも，教科や領域の特性によって過程の違いがあり，「導入―展開―終末」等その用語にも違いがある。

○**発問・指示・助言**……幼児児童生徒の活動を促したり思考を深めたりする教師の言葉かけ。とくに，授業のメインとなる「中心発問」は，指導方法において最も工夫が必要とされる。

○**学習形態**……学習活動での集団の規模や座席配置を指す。例として，全員が教師の方を向く一斉指導型，作業したり話し合ったりするグループ型，学級全体で話し合う討論型がある。それらの型の中にも個々様々な形態があり，幼児児童生徒の活動のねらいによって変化が必要である。

○**指導体制**……チームティーチングやゲストティーチャー等の指導者側の工夫を指す。学級担任が一人の場合であっても，いかに「個に応じた指導」が可能となるかを工夫することが大切である。

　その他，「板書」「教具」「評価活動」「学習環境」「指導時間」等も「授業づくり」においては，欠かすことのできないポイントである。

　「授業づくり」とは，授業を構成するポイント一つひとつを相互に関連づけて計画立案することであり，そこには幼児児童生徒の反応や思考をいかに予想し展開していくのかという総合的な営みがある。

　このように，「授業づくり」に向かう営みを「教材研究」と呼び，単に教科書に記載されている内容を下調べすることが「教材研究」ではないことは明らかである。教材研究のあり方は，教科の特性や幼児児童生徒の発達段階や実態に大きく左右される。そこで，教材研究する上での3つの留意点を示したい。

① 幼児児童生徒の実態把握

　幼児児童生徒の立場に立って学習活動を構成するために，学力・能力・興味関心・人間関係等を把握する。

② 教材分析

　まず教材を学問的系統に則って理解分析し，その後，幼児児童生徒の関心度

47

やつまずき等の実態を考慮し，教材を再構成する。

③　試　行

　理科・体育・図画工作・音楽・家庭科等の実技教科においては，あらかじめ実験や実演を試行し，教具等の危険の有無を確認しておく。

　「授業づくり」の難しさは，何より幼児児童生徒の実態把握であり幼児児童生徒理解にある。その克服のためには，観察と参加実習時において幼児児童生徒との関わりから幼児児童生徒理解に励むことが大切であり，授業実習を積み重ねて幼児児童生徒理解を深めていくことが求められる。

（3）「主体的・対話的で深い学び」を実現する授業に向けて

　中央教育審議会「幼稚園，小学校，中学校，高等学校及び特別支援学校の学習指導要領等の改善及び必要な方策等について（答申）」（2016（平成28）年）は，「第7章　どのように学ぶか――各教科等の指導計画の作成と実施，学習・指導の改善・充実」において「主体的・対話的で深い学び」を実現することの意義について，表4-1のようにその方向性を示した。

表4-1　主体的・対話的で深い学び

「主体的・対話的で深い学び」の実現とは，特定の指導方法のことでも，学校教育における教員の意図性を否定することでもない。人間の生涯にわたって続く「学び」という営みの本質を捉えながら，教員が教えることにしっかりと関わり，子供たちに求められる資質・能力を育むために必要な学びの在り方を絶え間なく考え，授業の工夫・改善を重ねていくことである。
①　学ぶことに興味や関心を持ち，自己のキャリア形成の方向性と関連付けながら，見通しを持って粘り強く取り組み，自己の学習活動を振り返って次につなげる「主体的な学び」が実現できているか。
②　子供同士の協働，教職員や地域の人との対話，先哲の考え方を手掛かりに考えること等を通じ，自己の考えを広げ深める「対話的な学び」が実現できているか。
③　習得・活用・探究という学びの過程の中で，各教科等の特質に応じた「見方・考え方」を働かせながら，知識を相互に関連付けてより深く理解したり，情報を精査して考えを形成したり，問題を見いだして解決策を考えたり，思いや考えを基に創造したりすることに向かう「深い学び」が実現できているか。

出典：中央教育審議会，2016。

第4章 教育実習の実際（2）

「授業づくり」は，「主体的・対話的で深い学び」の意義を認識し，上記の3つの視点で改善することによって，幼児児童生徒が学習内容を深く理解し，資質能力を身に付け，生涯にわたって能動的（アクティブ）に学び続けるようにすることが大切である。「主体的・対話的で深い学び」は，1単位時間の授業の中ですべてが実現されるものではなく，単元や題材のまとまりの中で実現されていくことが求められている。

2　学習指導案の作成

（1）学習指導案とは

　学習指導案は，授業を実施するための計画書であり，授業者（指導者）にとっておもいや考えが詰まった「授業づくり」のデザイン書である。学習指導案を見れば，授業者の教材研究と幼児児童生徒理解の深さを知ることができる。それだけに実習生にとって，授業実習の前段階での学習指導案作成は，大変難しく大きな仕事であり，そのためたくさんの時間と労力のかかるものである。さらに学習指導案は，実習生自身が授業を振り返り分析するための客観的資料となるため，できる限り綿密に作成すべきである。

　学習指導案の様式や項目については，教科によっても学校によっても違いがあるが，一般的な学習指導案の項目は，以下のとおりである。

　　　　　　　　　　　　○○科学習指導案

　　　　　　　　　　　（担当指導教諭　　　　　　　印）

　　　　　　　　　教育実習生　　　　　　　　　印

1．日　時　　（和暦）○○年○月○日（○）第○校時

2．学年・組　第○学年○組（男子○○名　女子○○名　計○○名）

3．単元名

4．単元目標

5．単元について

6．単元の評価規準

7．児童（学級）について

49

8．単元構想図
9．単元計画（指導計画）
10．本時の目標
11．本時の展開
12．板書計画

（2）学習指導案作成の留意点

各項目の中で，とくに留意する点は，以下に示すとおりである。

① 単元目標

この単元では，どういった学習内容と学習活動をとおして，幼児児童生徒たちにどんな力をつけるかということを示す。教科によって単元目標に特色があるので，ここでは学習指導要領を参考にするとよい。

② 単元について

指導者がこの単元をどう解釈し，どうデザインしていくのかという指導者の単元観を示すものである。つまり，この単元の意義や設定理由を明らかにし，この単元をとおして幼児児童生徒に育てたい力や目標となる幼児児童生徒の姿を具体的に表す。そしてその実現のための活動の中に込められた授業者のおもいや願いを記述する。

③ 単元の評価規準

国立教育政策研究所教育課程研究センターが，「評価規準の作成，評価方法等の工夫改善のための参考資料」を作成・公表している。同資料では，評価規準に盛り込むべき事項および評価規準の設定例や，単元（題材）の評価に関する事例に沿って，評価規準の設定を含めた指導と評価の計画，具体的な評価方法，評価対象とした具体的な子どもの学習状況について示しているので是非参考にすべきである。

④ 単元計画（指導計画）

単元の導入（入口）からまとめ（出口）までの学習計画であり一連の流れを示したものである。この流れは，幼児児童生徒の立場に立った思考の流れを想

定したものであり，幼児児童生徒の「学び」の連続性としてストーリー性を
もったものである。

⑤　本時の目標

　本授業で，どのような学習活動をとおして，幼児児童生徒につけたい力は何
かとどのような幼児児童生徒に育てたいかという点を明確にし，簡潔に記述す
る。「本時の目標」は，当然「単元目標」と文脈が一致し，「本時の展開」との
整合性が必要である。

⑥　本時の展開

　たとえば「導入・展開・まとめ」という学習過程に沿って，学習活動や内容
等を記述するといった学習指導案のメインである。そこには，教師の発問（中
心発問の明記）や指示，幼児児童生徒の思考を促すための支援や留意点の記述
が必要であり，さらには評価の観点や評価方法の記述も必要である。

　本時の展開では，予想される幼児児童生徒の反応を視野に入れ，時間内に授
業を終えるよう学習内容を考えた時間配分が求められる。

【小学校・算数での本時の展開例】

学習内容	○児童の活動・児童の反応	○支援＊留意点	評価の視点 （評価の方法）
1. 課題把握	発問		
	学習のめあて		
2. 自力解決			
3. 集団解決			
4. 適用題 　まとめ 　振り返り			

【中学校・社会科での本時の展開例】

課　程	学習内容及び学習活動（○）	指導上の留意点（・）	評　価（◇）
導　入			
展開Ⅰ			
展開Ⅱ			
まとめ			

⑦　板書計画

　学習指導案の中にある板書計画は，幼児児童生徒の学習支援やノート指導においても必要不可欠な項目といえる。学習内容と学習のプロセスをよく検討し，文字情報だけではなく矢印や記号の効果的な使用やレイアウトを計画することが大切である。

【小学校・社会科での板書例】

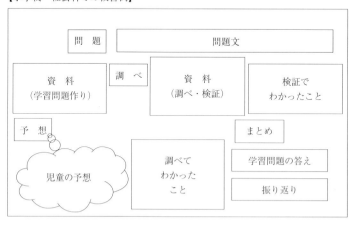

第4章　教育実習の実際（2）

③　授業実施の実際・研究授業

（1）授業実施の実際

　誰もが実際に初めて教壇に立ち，幼児児童生徒の前で授業をするときは，大変緊張し，頭の中が真っ白な状態になるものである。しかし，何度か授業を重ね，指導教員から講評をもらう中で，自らも常に授業を具体的に反省していく過程が大切なのである。

　「習うより慣れよ」という言葉があるように，1回目よりも2回目，2回目よりも3回目というように改善点を明確に振り返りながら回数を積み重ねることが必要である。

　授業実施の実際においては，学習指導案は一応頭の中に入れて臨むことが大切である。ただし，教卓の隅に略案を置いて授業をすることに問題はないが，視線を下に向けたまま授業をすることは慎まなければならない。

　以下，授業実施の実際においての留意点を示したい。

① 　身体的技術

• 表情は笑顔で明るく，豊かである。

• 視線は広く幼児児童生徒とアイコンタクトができている。

• 立ち位置を工夫している。

• 声の大きさや発音は妥当である。

• 話す速さや間の取り方が妥当である。

• 話し方や言葉遣いが丁寧である。

② 　幼児児童生徒への対応

• タイミングよく褒めたり注意したりできる。

• 机間支援を行い適切な言葉かけができる。

③ 　授業展開

• 楽しく工夫された導入で幼児児童生徒の興味関心を高められる。

• 本時のめあて（問題）を明確に提示できる。

53

- 時間配分が適切である。
- 教師の一方的な話ではなく幼児児童生徒の活動がある。

④　授業技術
- 主発問と補助発問がわかりやすい。
- 指示が簡潔で明確である。
- 説明が簡潔でわかりやすい。
- 助言がタイミングよく適切である。
- 板書の文字が丁寧で大きさも妥当で読みやすい。
- 板書の内容が分類されていて構造的である。
- グループ学習やペア学習を取り入れている。
- ノート指導や作業を取り入れている。
- 工夫された教材・教具の準備ができている。
- ICT を効果的に活用している。
- 幼児児童生徒に考えをもたせた上で発言させている。
- 幼児児童生徒のつぶやきや発言を受けとめて対応している。

　これらの留意点すべてが，授業実施の際に完璧にできるものではなく，これら留意点の中から自己のテーマ（課題）をもって授業実施に取り組んでもらいたい。一歩一歩着実に自己のテーマに対して，謙虚に前向きに取り組むことが求められる。授業実施の実際において大切なことは，他者と比べることではなく自己の課題と真摯に向き合うことである。

（2）研究授業
　教育実習のメインが授業実習であり，授業実習のメインが研究授業である。研究授業は，通常，教育実習期間の後半に行われるため，授業実習のまとめとしての位置づけがある。しかし，それ以上に教育実習期間に学んだことと大学で学んだことすべての集大成としての位置づけという認識で臨んでほしい。
　研究授業には，いままで行ってきた指導案作成・教材準備・授業実践・振り返り（分析）という一連の流れをどれだけ身に付けることができたか，毎回先

第4章　教育実習の実際（2）

生方から指導してもらった課題についてどれだけ意識し克服できたかを最終的に振り返り，今後の授業改善や教師としてのレベルアップを図るという大きな意義をもっている。

　研究授業当日までと当日のスケジュールは，概ね以下のとおりである。

① 日程等の打ち合わせ

　指導教員と日程・教科・単元等の打ち合わせをした後，管理職・教務主任等とも日程を調整し確認する。日程が決定したら，速やかに大学の担当教員に連絡する。

② 単元計画に基づいて

　研究授業の日程が決定したら，その後の授業実習は，単元計画を軌道修正しながら，研究授業を意識して「学習の流れ」をつくっていくことが必要である。学級の幼児児童生徒の学習の意欲・関心・態度や思考傾向を観察し，スムーズに研究授業に入れるようにしておきたい。

③ 学習指導案の作成

　研究授業での指導案は，いままでの授業実習のまとめという位置づけである以上，とくに細部にわたって丁寧な指導案作成が望まれる。できるだけ早い段階で指導案を作成し，指導教員に提出し指導助言を求めることが肝要である。くれぐれも前日に徹夜して作成するというようなことがないように，余裕をもって早い段階で作成すべきである。

　学習指導案が完成したら，署名・押印し，担当指導教員の連署をもらい，印刷した後，校長先生をはじめ教職員一人ひとりに配布することが望ましい。職員朝会等の場で，研究授業の時間等について連絡し，できるだけ多くの教職員の方々に参観してもらい指導助言をいただきたい旨を伝えることも大切である。

④ 教材・教具の準備

　教材・教具の準備も早い段階で，準備しておくことが必要である。当日使用するプリント類も前日までに必要な枚数を用意しておくことが必要である。備品等を使用する場合は，事前に予約し確保しておくようにしたい。

ICT 機器の活用の場合は，必ず事前に使用・点検し，リハーサルを実施しておくことは当然であり，急に使用が不可になった場合も想定し，その場合の対応策も心得ておきたい。天候に左右されるような授業の場合は，急な変更にも落ち着いて対応できるように準備をしておきたい。

⑤　最終確認

前夜には，授業の流れや発問・指示・留意点を確認しながらイメージトレーニングをしておくことが大切であり，ほかの実習生を相手に，簡単な模擬授業をすることも効果的である。

研究授業当日においては，緊張し精神的に余裕がなくなるのが常であり，雑用などについてはほかの実習生の協力を得ておくことも大切な準備の一つと考える。

⑥　研究授業

研究授業では，通常よりも多くの方が参観に来られるので緊張するのは当然である。その緊張感が，幼児児童生徒に伝わると幼児児童生徒の反応に影響するので，できるだけ笑顔と落ち着いた態度で教壇に立つように心がけたい。

どれだけ学習指導案を念入りに作成し，行き届いた準備をしても，授業はライブなので，完璧に実行できることはまずあり得ない。必要以上に恐れたりミスにとらわれたりせず，謙虚で前向きな姿勢で授業することが求められる。

⑦　研究協議会（事後研究会）

研究授業が終了した後は，参観してもらった教職員の方々に謝意を伝え（幼児児童生徒が参観者に謝意を伝えることは不要），控室に戻り次第，授業中に気づいたこと（とくに幼児児童生徒の反応やつぶやきと教師の発言）をメモし，研究協議会に臨むことが大切である。

研究協議会では，授業者からの自己評価が最初に求められるので，まず，「本時のねらい」が達成できたのかを明確に述べ，その可否の要因を簡潔に述べ，次に，授業中に困ったことや失敗したことを中心に率直に述べることが大切である。授業者からの弁解や言い訳は不要であり，次の参観者からの指導助言を妨げてはならない。実習生は，自分の見解に固執することなく，多くの

方々からの指導助言に対してしっかりと傾聴・記録し，次回の授業に生かす姿勢と謙虚な態度が肝要である。

ちなみに「研究授業」とは，ある教育課題を解決するために「仮説」を立て，これを検証しようとする授業をいうものであり（北，2009，8頁），教育実習生が行うのは，授業そのもののあり方や進め方，指導法や指導技術をきわめようとするものであるから「授業研究」的な内容であると捉えるべきである。

○授業実習の振り返りと授業改善——実習簿の記入

授業改善は，「授業を観る（観察）」「授業をする（実習）」「授業を振り返る（分析）」という一連のサイクルで成立している。「振り返り」という行為は，授業の改善点を明確にし，次回に生かすためのものでなくてはならない。

そのためには，実習生は，ただ単に「授業が良かった，悪かった」「授業が楽しかった，大変だった」という抽象的で感情的な感想の振り返りではなく，「何が」「なぜ」「どのように」「どうだったのか」を具体的に分析・整理することが大切である（振り返りポイントは，本節第1項の「授業実施の実際」の留意点を参考にしてほしい）。

実習生は，指導してもらう多くの先生方から率直に厳しく指摘してもらいたいという真摯で前向きな態度を示すことが必要である。ときには，振り返りの中で落ち込むこともあるかと思うが，それを乗り越えてこそ教師といえよう。「振り返り」と「改善」の一体化を図る過程で，実習生が成長し変容していくことは，指導してもらう多くの先生方にとっても実習生を受けもつ大きなモチベーションとなる。

最後に「授業改善」のために「授業を振り返る」ということで大切なことは，授業中の幼児児童生徒たちの反応と教師の発言を後から思い出して「記録する」ということである。授業は，一過性のものであり，常に消え去っていくものであるからこそ，幼児児童生徒の反応や発言と教師の発言を関連づけて分析することに意味がある（録画・録音することも意味がある）。

幼児児童生徒たちの生の声や様子と教師の発問・指示・説明を記録した「授業記録」は，授業分析の確かなエビデンス（根拠）となる。授業が，幼児児童

表 4 - 2　実習簿への記述のポイント例

不十分な記述	楽しかった。良かった。充実していた。大変勉強になった。導入が盛り上がった。受けた。目が輝いていた。
やや不十分な記述	資料が効果的だった。準備不足を感じた。意欲的に取り組んでいた。仲良く話合いをしていた。
十分な記述	子どもたちの発言が少なかったのは，「○○」という発問の意味が適切に理解されなかったからである。「△△」という発問にしてはどうだったかという指導助言をいただき参考になった。 指導のねらいは明確で適切であったが，その説明が回りくどく何度も繰り返したため，子どもたちの意欲の低下をもたらしてしまった。 「○○」という資料が，「問い」に対してわかりやすい検証資料となり，活発な話合いとなった。

　生徒たちの「主体的・対話的で深い学び」の実現を目指すものであればあるほど，幼児児童生徒たちの生の声や様子を中心とした「授業記録」が必要であり，それをもとにした授業の振り返り（教師の関わり）がなされなければならない。「子どもたちは，生き生きと輝いていた」という感想で終わる振り返りでは，何の授業改善にも至らない。

　たとえ短期間の実習期間であり限られた時間での授業実習であったにしても，授業を振り返ることの意義とその方法を身に付けなければ，「授業」の難しさと奥深さゆえの授業の面白さに気づくことにならないのである。

　実習簿への記入については，授業実習の当初の課題を確認し，その課題解決への変容について具体的に記述することが大切である。自分自身が感じ考えたことと指導してもらった先生方から受けた指摘や助言などを観点項目ごとに整理して，記入することが望ましい。仮に，指導してもらった先生方の指導内容が抽象的であれば，具体的にコメントしてもらうように働きかけたり，自分自身でそのコメントの意味を具体的に書き直したりして記入することが必要である。

第4章　教育実習の実際（2）

引用文献

北俊夫（2009）『授業のヒント60』文渓堂。

中央教育審議会（2016）「幼稚園，小学校，中学校，高等学校及び特別支援学校の学習指導要領等の改善及び必要な方策等について（答申）」12月21日。

（学習の課題）

(1)　「よい授業とは何か」。「主体的・対話的で深い学び」の授業改善について説明できるようにしよう。

(2)　「教材研究とは何か。具体的にどうすることなのか」。教材や発問等について，幼児児童生徒の立場になって考察してみよう。

(3)　「よい学習指導案とは何か」。指導案作成のポイントと各教科・学年を考慮した指導案作成について考察してみよう。

【さらに学びたい人のための図書】

澤井陽介（2017）『授業の見方』東洋館出版社。

　　⇨「主体的・対話的で深い学び」の授業改善が，わかりやすく解説されている。

新教育評価研究会編（2017）『新学習指導要領における資質・能力と思考力・判断力・表現力』文渓堂。

　　⇨具体的な指導案と授業記録が掲載され，指導案作成に活用しやすい。

西留安雄（2017）『アクティブな学びを創る授業改革』ぎょうせい。

　　⇨「主体的・対話的で深い学び」の授業改善へのプロセス等が，簡明に解説されている。

（伊藤陽一）

第5章	教育実習を振り返って
	――事後指導と評価

この章で学ぶこと

第2章で,「教育実習は,これまでの教職の学びを総合し,実践的に学習する機会である。さらに,自身の教職に対する資質や能力を客観的に評価するとともに,課題を明確にして今後の学習計画を立てる機会でもある」と述べた。本章では,教育実習を振り返り,その経験を共有するとともに成果と課題を明らかにする。

1　教育実習の総括

本章では,教育実習の学びを振り返り,その成果と課題を整理する視点を「教職実践演習」(第2章,第13章も参照)に求めることとする。

① 　使命感や責任感,教育的愛情等に関すること

• 教育に対する使命感や情熱をもち,常に子どもから学び,ともに成長しようとする姿勢があったか。

• 高い倫理観と規範意識,困難に立ち向かう強い意志をもち,自己の職責を果たすことができたか。

• 子どもの成長や安全,健康を第一に考え,適切に行動することができたか。

② 　社会性や対人関係能力に関すること

• 教員としての職責や義務の自覚に基づき,目的や状況に応じた適切な言動をとることができたか。

• 指導教員をはじめ,教職員との良好な人間関係を築くことができたか。

• 組織の一員としての自覚をもち,他の教職員と協力して職務を遂行することを心がけたか。

③　子ども理解や学級経営等に関すること

- 子どもに対して公平かつ受容的な態度で接し，豊かな人間的交流を行うことができたか。
- 子どもの発達や心身の状況に応じて，抱える課題を理解し，適切な指導を行うことを心がけたか。
- 子どもとの間に信頼関係を築き，学級集団を把握して，規律ある学級経営を行うことを心がけたか。

④　教科・保育内容等の指導力に関すること

- 教科書の内容を理解しているなど，学習指導の基本的事項（教科等の知識や技能など）を身に付けていたか。
- 板書，話し方，表情など，授業を行う上での基本的な表現力を身に付けていたか。
- 子どもの反応や学習の定着状況に応じて，授業計画（学習指導案の作成）や学習形態等を工夫することができたか。

以上のようなことを踏まえ，次節では，幼稚園実習から特別支援学校実習までを体験した6人の実習生の体験談をあげる。これらの体験談と自身の体験に共通する学びは，どのような学びであろうか。「学んだことの共通点」は，どの学校（園）においても大切にしたい教育における「不易」の部分と解釈できる。この「不易」は，必然的に前述した「教職実践演習」の各視点と一致するであろう。以上のことに鑑みながら，体験談からだけでなく実際に多くの実習生と話題を共有し，学びをさらに深めていきたい。

1）　教職員との関係性から学んだことの共通点
2）　子どもたちとの関係性から学んだことの共通点
3）　教科指導で学んだことの共通点
4）　学級指導で学んだことの共通点
5）　学校行事や課外活動等で学んだことの共通点
6）　その他

以上6点を意識して，体験談を読み進めていこう。

2 教育実習の振り返り・成果と課題の共有（体験談）

（1）幼稚園実習（教育学科学生 A.S.）

① 実習にあたっての抱負・不安など

実習は子どもたちの存在，そして周りの先生方の協力があってこそ成り立つものであるため，実習を受け入れてくださったことに感謝しながら多くのことを吸収したいと思いました。そのため，「自ら行動し，自ら学ぶ姿勢」を大切にしたいと考えました。

② 実習の経過

■第1週

最初は，子どもたちの名前を覚えること，園での生活に慣れることから始めました。もちろん，わからないことばかりでしたが，指導教員に質問したり，様子を見たりしながら，少しずつ自分で行動できるようになりました。

■第2週

自分から寄ってきてくれる子どもだけでなく，それを苦手とする子どもたちとも遊ぶ時間やコミュニケーションを大切にする中で，一人ひとりをより深く知ることができました。絵本の読み聞かせでは，初めはそれらを読むことに必死でしたが，次第に子どもたちの様子を見られるようになり，手遊びを取り入れて落ち着いた環境をつくったり，終わった後に子どもたちと話を深めたりすることができるようになりました。

■第3週

担当クラスが変わったため，そのクラスの子どもたちに合わせた配慮や援助を考えながら過ごしました。また，発達障がいのある子どもと関わる機会もあり，子どもの気持ちにどう寄り添い，どう言葉かけしていくか，日々反省しながら考えるよいきっかけになりました。

■第4週

ジャック・オ・ランタンの冠の制作をしました。与えられた時間内に終わらせることに意識がいってしまい活動が深まらなかったため，個人を援助しながらも広い視野で活動を進めていく難しさを痛感しました。また研究保育での制作も，子どもたちはとても喜んでくれていたものの，前回の反省が生かしきれていなかったように感じました。

③ 実習での学び

第5章　教育実習を振り返って

■言葉かけ（保育指導）

　子どもたちと密に関わる中で，全体よりも個人への言葉かけの方が多く，一人
ひとりのペースに合わせて同じことを繰り返し伝える傾向があることがわかりま
した。それにより，活動に個人差ができてしまっていたため，全体に言葉かけし
た後，困っている子どもに働きかけていくような，全体か個人かに偏ることのな
い保育をしていく必要があると感じました。

■保育者同士の連携

　遊びやそれに伴うけんかやけがなど，日々の保育の中では様々なことが起きま
す。その際，自分のクラスの子どもたちだけでなく，保育者同士が報告・連携を
取り合いながらすべての子どもたちを見守り保育していく必要性を感じました。

■子ども目線（子どもとの関わり）

　活動の中で，一回の説明が長すぎて困惑している子どもの姿を見て，発達や年
齢に応じた配慮の必要性について考えるきっかけになりました。「こそあど言葉」
の使用や，子どもたちから見える左右と保育者が子どもたちの前に立ったときの
左右は低年齢児ほど理解しにくいことへの把握不足により，意図していたことが
伝わらないことがあり，常に子どもたちの目線に立って寄り添いながら保育して
いく大切さを感じました。

④　実習の成果と課題

　不安はたくさんありましたが，20日間がとても短く感じるほど充実した日々を
送ることができました。一人の教師として至らない点はたくさんありましたが，
いつも明るく積極的に子どもたちと関わる姿勢を忘れず，遊びやコミュニケー
ションを大切にすることで子どもたちと信頼関係を構築することができました。
また，緊張の中でも堂々と指導することで，子どもたちもその姿に応えるかのよ
うに最後まで頑張ろうと一生懸命取り組んでくれるようになり，活動の達成感や
充実感につながったように感じました。さらに，子どもたちと関わるだけでなく，
部屋の掃除や制作の準備，壁面づくりなど保育者としての他の仕事も経験するこ
とができ，これらの日々の積み重ねが子どもたちの成長につながっていることが
わかったことが成果としてあげられます。

　一方，今後の課題としては，視野を広くもつことがあげられます。実際に保育
者になった際，一人ひとりの個性を大切にしながら集団としてもまとめていく必
要があります。実習をとおして，一人ひとりを大切にしていきたいという気持ち
が先走ってしまい，集団としての言葉かけや働きかけが少ないことがわかりまし
た。「個人」と「集団」それぞれに対する眼をもちながら，子どもたちと一緒に
活動していきたいと思います。

（2）小学校実習（教育学科学生 Y.H.）

① 実習にあたっての抱負・不安など

　私が，小学校実習で学びたいことは2つあった。1つ目は，授業についてである。児童が意欲をもって自ら学習する授業をつくるために，教員はどのようなことを工夫すべきなのか。多くの先生方の授業を参観し，それを学びたいと考えた。2つ目は，児童との接し方やコミュニケーションの方法である。とくに，話すことが苦手な児童との接し方である。これらのことを学ぶために毎日積極的に行動し，今後の糧になるような実習にしたいという目標をもった。しかし，児童の前で授業を行うことへの不安や，児童にとっては「実習生も先生である」という責任に対する不安も大きかった。

② 実習の経過

■第1週

　担当学級の授業をたくさん参観した。また管理職を含め，たくさんの先生方からの講話があった。子どもの頃にはみえなかった教員の仕事などを学んだ。さらに研究授業やその後の事後検討会にも参加し，社会科と同和教育のつながりを学んだ。社会科に対する考え方が，新たになった時間でもあった。

■第2週

　主に算数の授業を担当し，2回ほど授業をした。児童から思っているような反応が返ってこなかったり，板書が思ったように書けなかったり，また時間配分や話し方についても反省がたくさんの授業であった。さらに，担当学級以外の授業も参観した。学年や学級によって授業の仕方は多様で，学ぶことが多かった。

■第3週

　2週目と同じように算数の授業を主に担当し，それ以外にも図工や音楽の授業も行った。さらに運動会があったため，教職員の方々の行事に向けての動きや準備なども知ることができた。また，4週目の研究授業に向けて指導教員と何度も話し合って学習指導案を作成し，教具も制作した。

■第4週

　同じように，毎日算数の授業をさせていただいた。また4週目には，国語や体育の授業も行った。最終週ということで，研究授業を国語科『カンジー博士の大はつめい』で行った。指導教員だけでなく，管理職や他の学級の先生方，大学の先生にも授業を参観していただき，たくさんのアドバイスを得ることができた。最終日には子どもたちがお別れ会を開いてくれ，この4週間の思い出を振り返ることができた。

③　実習での学び

■教科指導

　教科指導で一番難しいことは，授業の流れをつくることと，その流れに児童を
のせることであると感じた。授業の流れに児童をのせるためには，まず「動機づ
け」が大切であると考えた。授業の導入での動機づけによって，児童が学習する
意味をもって主体的に取り組むことができると学んだ。そして一番大切であると
考えるのは「つぶやきを見逃さないこと」である。児童の間違った発言や疑問を
逃さず，それを学級全体に返していくことで，授業が深まるということを実感し
た。

■学級指導

　学級指導では，安全や人権に関わることは見逃さずに気づき，即座に対応する
ということを教えていただいた。言い換えると，教師自身が「命」を大切にする
姿勢をしっかりと児童に見せることが大切だということである。具体的には，安
全に配慮した教室環境整備や子ども一人ひとりの人格を尊重した丁寧な対応，児
童同士の良好な関係づくりなどである。実際に先生方の指導を目の当たりにし，
また具体的に指導にあたる中で，市の掲げる「ひとりひとりの児童を徹底的に大
切にする」ということを学ぶことができた。

■運動会

　教育実習中に運動会が開催された。そこで感じたのは，運動会は学校だけの取
組みではなく，保護者や地域との協働が大切なことである。三者が一体となるか
らこそ運動会ができるということを忘れず，保護者や地域の方との日々の関係づ
くりを大切にしなければいけないと考えた。

④　実習の成果と今後の課題

　実習にあたって，学びたいことを２つあげた。「授業」と「児童とのコミュニ
ケーション」である。「授業」については，とくに国語科と算数科，道徳で教材
研究の具体的方法と授業技術について考えを深めることができた。「児童とのコ
ミュニケーション」については，第一に「傾聴」「観察」による児童理解が大切
なこと，そしてその理解に基づいた「共感」の重要性を実感することができた。
また，「児童同士のコミュニケーション」の重要性にも気づくことができた。

　この実習で教職のやりがいを感じ，教員になりたいという思いが強くなった。
今後の課題としては，さらに教職に関わる知識と技能を身に付け，教員としての
軸をもつことが必要であると考えた。

（3）中学校実習——数学科（教育学科学生 H.I.）

① 実習にあたっての抱負・不安など

　私は，3つのことを意識して教育実習に臨もうと考えた。1つ目は，生徒との関係づくりである。そのために，授業やそれ以外の活動でも積極的に生徒と関わっていきたいと考えた。2つ目は，当然のことだが授業についてである。小学校との違いを意識して授業を行うことを心がけた。3つ目は，中学生の実態を実感的に把握することである。私は小学校教諭を目指している。現在，「中1ギャップ」が叫ばれ，中学校生活に不適応をおこす生徒もいる。小学校教諭を目指す者として，中学生の実態を知り，「中1ギャップ」の改善に向けて考えていきたいと考えた。

② 実習の経過

■第1週

　第1週目はテスト週間だったため，通常の授業を見る機会はなかった。その代わり，様々なテスト対策の授業を参観した。パワーポイントを使って要点を説明する先生もいれば，生徒と一緒により多くの問題を解いていく先生もいらっしゃった。また，自習の時間を設けて，わからないところを質問し合う授業をする先生もいた。これまでの授業内容を振り返る多様なテスト対策の授業は，大変参考になった。

■第2週

　第2週目は，通常授業と部活動が再開した。1回目の授業は，テスト返却とその解説の授業であった。次の授業から新しい単元に入り，私はその新しい単元の授業を担当することになった。教材研究は，テスト返却や解説の時間に行った。また，朝の会や給食指導などの学級運営を任せていただいた。

■第3週

　第3週目は，研究授業やそのための準備をした。準備では授業構想の段階から指導教員に相談したほか，他のクラスでも同じ範囲の授業を行った。指導教員をはじめ大勢の先生方に授業を参観していただき，アドバイスを得た。それをもとに授業を改善し，研究授業に臨んだ。

③ 実習での学び

■教科指導

　教科指導に関しては，理解度の異なる生徒に指導する難しさを改めて感じた。中学校の学習内容は小学校よりも難しくなっている。そのため，理解できる生徒とそうでない生徒の差が大きくなってしまう。しかし，学習内容が多く，学習ス

ピードを遅らせ続けることはできない。その兼ね合いが難しいと感じた。両方の立場の生徒が理解でき，充実した授業構成を考えていく必要性を感じた。

このように，大学で学んだ授業理論と生徒の実態の折り合いをつけて授業を構成することの難しさを学んだ。また，学習指導案を作成することで教材研究の重要性に改めて気づくことができた。

■学級指導

学級指導に関しては，学習環境の大切さを学んだ。私の指導教員は，毎日放課後に教室の清掃を行っていた。そして，教室の様子から一日の生徒の状況を把握していると聞いた。教室が散らかっている際には，それは生活に怠けが生じていると捉えていた。すると，翌日に指導をし，整理整頓させていた。そうすることで，たるんだ気持ちを引き締めるようにしていた。そこから，環境を整えることの大切さを学んだ。

また，生徒同士はお互いの関係の中で多くのことを学んでいることにも気づくことができた。毎日の班活動や学校行事の準備において，意見や価値観の違いで言い争いになることもあったが，そのようなこともすべて生徒が成長していく材料であることを学び，教師が出過ぎず見守ることも一つの指導方法であると考察した。

■部活動指導

部活動指導に関しては，人間力を育成することの大切さを感じた。私はサッカー部の指導をさせていただいた。その中で，顧問の先生は技術的な指導はもちろん，仲間を大切にすることや，礼儀，用具などに感謝することなどの人間的な面に関して厳しく指導をしていた。そこから，部活動指導が担う役割の重要性を感じた。

④ 実習の成果と今後の課題

抱負であげた「生徒との関係づくり」は，概ね達成できた。その中で，自己表現がうまくいかない生徒への配慮と対応を体験的に学ぶことができた。「授業」については，小学校算数科から中学校数学科への接続について考察することができた。体系的な単元構成も俯瞰することができ，小学校での指導において大いに参考になった。最後に「中1ギャップ」についてである。小学校実習と中学校実習で児童生徒の発達段階と多様性，教科指導の体系性を実感することができた。そのような中で，児童期にどのような指導をすれば，中学生がもつ苦手意識をなくすことができるのだろうかとの疑問がわいた。その疑問を解明するために，今後も学校ボランティアなどで小学生と関わっていきたい。

（4）中学校実習——社会科（教育学科学生 H.S.）

① 実習にあたっての抱負・不安など

　私の抱負は授業内でグループ活動を多く取り入れ，活気ある授業づくりに取り組むことでした。また授業のことだけではなく，生徒たちや教職員との関係づくりが大事と考え，積極的に話しかけようと決心しました。実習に行く前にしっかりと抱負をもち，頭の中で具体的に考えがまとまっていれば，実習中は余裕をもって臨むことができると考えました。

　一方，不安に感じたことは教科指導が十分にできるかということです。私は社会科が好きでしたが，専門性，授業力ともに未熟な部分が多々あったので，不安になってしまったのだと思います。

② 実習の経過

■第1週

　第一印象はとても大切なものであると考えていたので，最初の挨拶はいろいろなことを考えて臨みました。実際の挨拶では元気で明るく面白い人柄であることを伝え，学校や生徒を褒める言葉も取り入れました。1日目は，指導教員が学校行事で不在だったので，他教科の先生方の授業を参観し，授業力を高めることに専念しました。また，2週目の授業の学習指導案をつくりました。

■第2週

　2週目からは，2年生4クラスの授業を担当しました。1週目に指導案は出来上がっていたので，余裕をもって授業に取り組むことができました。また信頼関係を築き上げることが大切であると考えていたので，生徒に積極的に話しかけ，部活動にも毎日行くようにしました。生徒と一緒に汗を流すことで，子どもたちとの距離が縮んでいくことを実感しました。

■第3週

　3週目はとくに授業づくりが大変でした。毎日，22時まで授業づくりに試行錯誤していました。3週目になると，より興味関心を引く授業をつくりたい，おもしろい授業にしたいという思いが強くなりました。その思いを研究授業に込めました。最終日には，指導教員と生徒からサプライズプレゼントがありました。

③ 実習での学び

■教科指導

　教科指導では，切実な学習問題を設定することが大切なことであると学びました。私は今まで，自身が関心をもつ学習問題を設定していました。しかし，そのように設定してしまうと，生徒にとって本当におもしろい学習問題とはならない

ことを実感しました。生徒の固定概念を覆すような学習問題を設定することで，目を輝かせるような授業になると考えました。またこのような学習問題を設定することによって授業内でのグループ活動が活性化し，生徒の学びも深まることを実感しました。

　教科指導において感じたことは，もう一つあります。それは社会的事象に関する自身の教養をさらに深めなければならないことです。教科書の内容を理解するだけでは社会の表面上の理解にしかなりません。日頃から社会的事象に関心をもち，情報を集め，本を読み，教養を深めておかなければ，「教科の専門家」として十分な教科指導ができないことを学びました。

■学級指導

　学級指導では，理念と信念をもつことの大切さを学びました。指導教員は叱るときは叱るという信念をもち，掃除の時間に遊んでいる生徒に対して，なぜ掃除をしていなかったのか，何をしていたのかを徹底的に聞いていました。このように教師が信念をもつことで学級がまとまり，考える集団になると考えました。

■部活動

　部活動では，生徒とともに活動することで信頼関係を築き上げることができると学びました。最初は関係が希薄だった生徒も，時間が経つにつれて積極的に話しかけてきてくれるようになりました。学校生活において生徒の活動する場は多々ありますが，部活動では授業や学級では見られない生徒の姿を発見することができ，生徒理解において大変有意であると実感しました。

④　実習の成果と今後の課題

　3週間の間にたくさんの授業に取り組むことができ，授業は経験することが大切だと実感しました。その中で学習問題の引き出し方やプリント授業の利点・欠点を考える機会を得，実際に教壇に立つ際に活用する力が身に付いたと感じています。今後の課題は，報告・連絡・相談を忘れないことです。実習の2週目からは授業のことで余裕がなくなり，報告・連絡・相談ができていませんでした。しかし，それでは教員間でよりよい関係を結ぶことができないと痛感しました。子どもに対して，授業に対して一生懸命がんばることは大切なことですが，それと同等に，報告・連絡・相談を徹底した，教職員間の協働性を大切にしなければならないと学びました。

　全体をとおして教職に就く意欲がとても高まり，また今後の課題や見通しも明確になりました。同じ志をもつ仲間と教育実習での学びを共有し，自身の資質や能力をさらに高めていきたいと思います。

（5）高等学校実習——公民科（現代社会学科 H.O.）

① 実習にあたっての抱負・不安など

　高等学校の授業は「部活動のための睡眠時間」，教育実習生の授業は「受ける側もドキドキ」という印象が強かった私は，「眠くならない楽しい授業・生徒を不安にさせない授業」を抱負とし実習に臨みました。また，生徒たちや先生方とのコミュニケーションを大切にし，「笑顔と挨拶」はどんなときでも忘れないように心がけました。実習前には，担当 HR が男子クラスであることや，高等学校時代に「政治経済」の授業を受けたことがなく，どのように授業を実践すればよいのかと不安でいっぱいでした。しかし実習が始まると HR は安心できる場所となり，授業も回数を重ねるごとに成長を感じることができました。実習が進むにつれ，実習前に抱えていた不安は責任感とやりがいへと変わっていきました。

② 実習の経過

■第1週

　担当教科だけでなく，様々な教科の授業をたくさん参観させていただきました。参観後の指導から，先生方の指導観や授業の際に大切にされていることを学ぶことができました。

■第2週

　高等学校時代に水泳部だった私は，実習中も毎日水泳部の練習に参加しました。すると指導教員に他の部活動も見学に行くことを勧められました。教材研究や授業準備に追われる中で他の部活動に参加するのは大変でしたが，HR の生徒が多く所属する部活動に行くと嬉しそうに話しかけてくれました。たった数時間の出来事ですが，この部活動見学がきっかけとなり HR の生徒との距離を縮めることができました。教科担任制である高等学校では，授業時間外での生徒との関わりを大切にすることが信頼関係へとつながることを実感しました。

■第3週

　3週目は教科の授業だけでなく，オリジナルの授業を3つ作成し，1年生7クラスで実施しました。また学級日誌で日直の生徒とのやり取りを行ったり，掃除や SHR（ショートホームルーム）をすべて担当しました。生徒との関わりが増え「先生ってほんまに実習の先生なん？」と声をかけられたことは忘れられません。

③ 実習での学び

■教科指導

　教材研究の重要性を改めて感じました。事前にきちんと準備ができた授業は自信をもって行うことができます。しかし，そうでないときは不安になり，その様

子は生徒にも伝わります。「教科の専門家」としての自覚が芽生えました。社会科・地理歴史科・公民科は「暗記教科」とのイメージが強いのですが，これから求められる授業は，思考力・判断力・表現力や社会参画の力も養わなければなりません。学習指導案を書くことによって，このような授業を構想する力がついたように思います。

■学級（HR）指導

　高等学校では，社会人として育てる視点が大切であることを学びました。「怒られる」という経験は年齢を重ねるごとに減っていきます。だからこそ，ダメなことはダメと指導することこそが教育的愛情であるのだと学びました。また，HRの密な人間関係の中で，生徒同士が影響を与え合って成長していくことを実感しました。高等学校では，小学校・中学校よりも集団がある程度自立します。生徒たちの主体的・自立的活動をどのように支援していくのかという観点から，HR指導を考えていかなくてはならないと考察しました。

■オリジナル授業

　私の実習科目である「政治経済」は授業数が少なく，指導教員の授業時間をいただいてオリジナルの授業をたくさん行いました。

　「明日のお弁当を考えよう」…男子高校生に必要な栄養について知ろう。

　「大学について知ろう」…コミュニケーション力を高め夢を見つけよう。

　「東南アジアについて」…世界の識字率を知り「当たり前」に感謝しよう。

　上記３つの授業後にはコメントペーパーを書いてもらい，授業改善につなげることができました。

④　実習の成果と今後の課題

　実習の成果は，教科書内容だけでなく「部活動」や「海外旅行」「大学での学び」を教材とした授業を実践できたことです。この授業はグループディスカッションを行ったり，ペアでプレゼンテーションをしたりと活動的な授業となりました。また，同じ教材でもクラスによって異なる反応があるため，クラスの実態によって伝え方を工夫する大切さや教師のもつ「言葉の力」の大きさを感じることができました。今後の課題は「待つ」ことです。「話す」ことが大好きな私の授業は，どうしても「教えよう」「伝えよう」として一方的に話すばかりでクラスを巻き込んだ授業を行うことができませんでした。じっくり「待つ」授業ができるようになりたいです。生徒の声を拾ってコミュニケーションを促すことや，発問を精選し，じっくり「待つ」ことができる教師になれるよう今後も努力をしていきたいと思います。

（6）特別支援学校実習（教育学科学生 K.K.）

① 実習にあたっての抱負・不安など

　私は，春から特別支援学校の教諭になることが決まってからの実習でした。そのため実習生という気持ちで授業をしたり子どもたちと向き合ったりするのではなく，本当の教員になったつもりで実習を行おうと決めていました。実習が始まる前は子どもたちに早く会いたいという期待の反面，関係を築くことができるか不安もありました。事前に行われたオリエンテーションで，指導教員から実習する授業の教科や単元を教えていただきました。そのため実習前から教材研究を行い，具体的な授業の流れを考えていきました。

② 実習の経過

■第1週

　実習初日に生徒も先生方も私をクラスに歓迎してくれたことで，すぐに関係を築くことができました。休み時間には生徒とトランプゲームをしたり，音楽を一緒に聴いたりと楽しい時間を共有できました。1週目では，授業を1回させていただきました。私が事前に考えたオリジナルの授業でしたが，生徒たちは，興味をもちながら授業を受けてくれました。授業が終わった後に，「楽しかった」という言葉をかけてくれ，私自身やりがいを感じることができました。生徒との関わりの中で難しいと思ったことや悩んだことは，即座に担任の先生に相談することを心がけました。

■第2週

　月曜日は，台風の影響により臨時休校になりました。児童生徒が来ない学校では，午後の会議を午前に早め，残りの時間は教材研究をしていらっしゃいました。普段見ることができない教員の動きを見ることができ，よい学びとなりました。また2週目では，研究授業に向けて指導教員と一緒に教材研究を行う日々でした。先生と一緒に教材研究を行うことで1週目では気づくことができなかった生徒の実態を知ることができたり，生徒一人ひとりの配慮点を取り入れた授業をしたりすることができました。実習最終日には，メッセージカードをいただき，とてもよい実習だったと改めて感じることができました。

③ 実習での学び

■実態把握の重要性

　特別支援学校では，実態に合った関わり方や一人ひとりに応じた授業がとくに大切になってくると学ぶことができました。そのため同じ授業内容であっても生徒の活動は実態に応じて違っていたり，個別のプリントを用意していたりと配慮

の工夫をしておられました。生徒の実態把握を行うために，指導教員に普段の様子を聞いたり，春学期までの記録を閲覧させていただくことによって実習中の関わりだけでは気づくことができなかった生徒の実態を知ることができました。

■教員間の連携

　特別支援学校では，教員間の連携がさかんに行われていることを知ることができました。朝の打ち合わせでは，授業を一緒に行う教員が集まり，Ｔ１を中心に授業の進め方やどの生徒についてほしいか等を確認していらっしゃいました。また，子どもが帰ってからの会議の多さに驚きました。学部（小学部・中学部・高等部）会議やコース会議等，様々なグループに分かれて会議を行っていました。クラス内の情報だけではなく他クラスの情報も知ることによって，想定外のことが起こっても冷静に対応できるのではないかと考えました。

■子どもとの関係性

　先生方は，第一に子どもの意思を尊重して関わっていると感じました。生徒指導をする際も，まずは子どもの思いを受け止めた上で適切な行動に導くような指導を行っていました。そのときに，子どもが理解したり自分自身で気づくことができるようにしたりと，口頭で伝えるだけではなく紙に書いて指導をするなど指導方法も工夫していらっしゃいました。

④　実習の成果と今後の課題

　実習をとおして，授業をすることの難しさや子どもが達成感をもつ活動の大切さを学ぶことができました。具体的には，個々の子どもの発達特性の違いを十分に理解して教材研究を行い，個に応じた目標を明確にした指導を徹底することによって，一人ひとりの子どもが達成感を実感するのだと学びました。

　小学校実習ではここまで「個」に視点をあてることはなかったのですが，特別支援学校の教育実習をすることによって，「個」に対する指導のあり方と「集団」に対する指導のあり方のバランスについて考えを深めることができました。

　特別支援学校での教育実習を終え，新年度の着任がさらに待ち遠しくなりました。それまでに，この教育実習から芽生えた問題意識や疑問を文献や資料等をとおしてさらに深く理論的に考察し，専門的な力量を高めていきたいと思います。また，特別支援学校でのボランティアをとおして，子どもに対する言葉かけや関わり方についても考えを深め，どの学部（小学部・中学部・高等部）の教員になっても年齢や実態に応じた接し方や指導ができるようにしていきたいです。

3 今後のキャリア形成にむけて

　教育実習を通じて，子どもたちとのコミュニケーションに苦労した学生もいるであろう。教科についての知識が決定的に不足していることを痛感した学生もいるであろう。苦労して構想し作成した学習指導案が子どもの実態に合わず，授業中に立ちすくんだ学生もいるであろう。それらの体験をそのままにせず，振り返りと共有とをとおして新たに次の段階の課題を発見し，探究し続けることにこそ意味がある。そして，このような深い省察の態度こそが，「学び続ける教員」としての端緒となる。

　また，教育実習は教職への適性を改めて判断し進路を考える機会でもある。近年は教職に就いたものの，短期間のうちに離職するケースが報告されている。思いだけで短絡的に教職を目指すのではなく，いま一度自身に向き合い，「本当に教職に就きたいのか」「教職に向いているのか」を自問したい。そして，教職に就く・就かないの区別なく，教育実習を自身のキャリア形成に意味づけていくことが重要である。

　次章からは，幼稚園・小学校・中学校・高等学校・特別支援学校における教育実習の特質や概要を述べている。有意義な教育実習となるように，実習に臨むそれぞれの校種に基づいて具体的に学びを深めていこう。

学習の課題

(1)　「教職実践演習」の教員として求められる4つの事項を視点として，自身の教育実習を振り返ってみよう。

(2)　教育実習の体験談と自身の体験，多くの学生との話題の共有から，学びの共通点を見出してみよう。

(3)　教育実習の成果と課題を明らかにし，今後の課題を見出してみよう。

第5章　教育実習を振り返って

【さらに学びたい人のための図書】

教師養成研究会（2011）『教育実習の研究』学芸図書。

⇨教育実習の意義，展開，内容，実際，評価等をわかりやすく解説している。

久保富三夫・砂田信夫編著（2018）『教職論』（新しい教職教育講座 教職教育編②）ミネルヴァ書房。

⇨「教職」を理念的に捉えるとともに，現代における学校の特質から，教職として求められる資質・能力を具体的に解説している。

（小林　隆）

第6章 幼稚園教育実習の特質

この章で学ぶこと

幼稚園実習に臨む学生が不安や心配を払拭し，自信と意欲としっかりした目的意識をもって現場に入り，実習を充実したものにするにはどうしたらいいのか。この章では幼稚園教育の目的と方法や実習の具体的な準備を扱う。幼稚園教育は「環境を通して行う教育」である。教師はその「環境」を考察し整える。その中で健康・人間関係・環境・言葉・表現の5領域での発達を考えながら総合的に指導する。これらをよく理解し，積極的かつ十分に準備を行い実習に臨むならば，幼児との直接のふれ合い，保育の楽しさや喜び，そして先輩保育者の姿や言葉などからたくさんのことを学び，実習を実り多いものにすることができる。幼稚園実習での課題である「部分実習」「責任実習」などは，具体例をあげて解説し，学生が実習園の状態に応じて考え，工夫できるようにした。

1 幼稚園を理解する

（1）幼稚園教育の特質

幼稚園の目的として，学校教育法第22条に「幼稚園は，義務教育及びその後の教育の基礎を培うものとして，幼児を保育し，幼児の健やかな成長のために適当な環境を与えて，その心身の発達を助長する」としている。それを達成するため幼稚園教育要領の総則においては，幼稚園教育は，「幼児期の特性を踏まえ，環境を通して行うものであることを基本とする」と記載されている。

* ここでいう環境とは，幼児の発達や生活にふさわしい環境のことであり，文部科学省は適当な環境とは「幼児が主体的にかかわり，そこで得られる直接的・具体的な体験を通して，幼児一人一人の発達を促す意味のある環境のこと」（文部科学省，

76

2013) とする。

　具体的にどういう環境が「適当な環境」なのか，主に次の4点があげられる。

(1)　自然な素材（土・水・石・木・木の実・風・光など）が豊かに備わっている自然環境。

(2)　教師が意図的・計画的につくり出した遊びの空間や，遊具・用具や，多様な工夫をした教材などの物的環境。

(3)　園で飼育・栽培されている動植物や季節の野菜・くだものなど，世話をしながら，その成長を観察し，自然の恵みを感じることができる環境。

(4)　感性豊かで資質の高い教師，同年齢や異年齢の幼児や地域の人々などの人的環境。

**　幼稚園または幼保連携型認定こども園は，実際に教える内容とその詳細について，学校教育法施行規則に基づき幼稚園教育要領に定めており，国立・公立・私立を問わず適用される。幼稚園教育要領を踏まえ，各幼稚園が各々の幼児の発達の実態に照らし合わせながら，具体的な指導計画を作成する。

***　幼児は一人一人異なる生育環境で育ち，その成長には個人差があるので，一人一人の発達の特性に応じ，それぞれの発達段階にふさわしい発達の課題に即した指導を行うことが重要である。

　幼稚園教育要領は1956（昭和31）年に告示されて以来，2008（平成20）年までに4回の改訂があった。第5次改訂は2017（平成29）年に告示され，2018（平成30）年から実施された。新教育要領に関して，実習する上でとくに理解してほしいことが2つある。

①　幼稚園教育において育みたい資質・能力の明確化

②　小学校教育との円滑な接続を図るよう，「幼児期の終わりまでに育ってほしい姿」として明確化

　①については生育や地域環境の違いから，発育に個人差があるなどの幼児の特性を踏まえながら，以下のように3つの柱として明確化された。

1)　豊かな体験を通じて，感じたり，気付いたり，分かったり，できるようになったりする「知識及び技能の基礎」

2)　気付いたことや，できるようになったことなどを使い，考えたり，試したり，工夫したり，表現したりする「思考力，判断力，表現力等の基礎」

3)　心情，意欲，態度が育つ中で，よりよい生活を営もうとする「学びに向

かう力，人間性等」

実際の指導場面においては，これらを個別に取り出して指導するのではなく，遊びをとおした総合的な指導の中で，一体的に育むよう努めることが重要である，と文部科学省（2018）はいう。

②については，(1)健康な心と体，(2)自立心，(3)協同性，(4)道徳性・規範意識の芽生え，(5)社会生活との関わり，(6)思考力の芽生え，(7)自然との関わり・生命尊重，(8)数量や図形，標識や文字などへの関心・感覚，(9)言葉による伝え合い，(10)豊かな感性と表現，のことである。これらの10の姿は，5歳児に突然みられるようになるものではないため，5歳児だけでなく，3歳児，4歳児の時期から，幼児が発達していく方向を意識して，それぞれの時期にふさわしい指導を積み重ねていくことに留意する必要がある，と文部科学省（2018）はいう。これらは小学校以降での学びを意識したものとなっており，そのことを十分に理解し，具体的なシーンを想定しながら研究しておかなければならない。

幼児の遊びは，もとより自由で躍動的であり，流動的なものである。それだけに次々と新たな教材の補充，言葉かけや安全性の確保など，幼児への援助が必要になる。培われた保育経験とたくわえた学識，磨いたセンスも必要となり，保育者の資質が問われている。学校教育のように教科書やカリキュラムの枠組みがなく，遊びや生活の中での総合的指導であるがゆえに，保育者の経験や意識・資質がいっそう重要であるといえる。

（2）教育課程・指導計画

実習園でのオリエンテーションの際に，まず園の教育方針や教育目標，実習月のねらいや行事などを確認すること。園の教育方針や目標などは，幼稚園の入園パンフレットやホームページなどに記載されていることがある。

① 「教育課程」

入園から修了までの教育期間において，どのように教育を進めていくかの道筋を示すものであり，幼稚園における教育の全体計画である。

② 「指導計画」

長期と短期がある。長期には3・4・5歳児の4月から翌年の3月までの一年を見通して立てる年間指導計画、さらに具体化して4〜6期に分ける期の指導計画、月の計画（月案）がある。これらの計画において教師は意図的・計画的な環境を構成する。一方、短期には一週間を見通して活動を具体化して立てる指導案を週の計画（週案）といい、さらに、その日の保育をどのように展開するか、幼児の生活時間を見通して細かく立てる指導案を一日の計画（日案）という。実習生としては週案や日案を使うことが多く、実習開始月の月案や週案、観察実習日の日案を担当教員から見せてもらい、まずは幼児の生活の流れや週案・日案のねらい、環境構成、遊び、教師との関わりなどをよく知ろう。

2　幼稚園教育実習にあたって

幼稚園教育実習にあたり実習の学びと流れについて考えてみよう。

実習による学びは、実習前の準備、実習中、実習後の振り返りという3段階の学びからなる。幼稚園実習は、これまで学んできた幼稚園の特質や、幼児の心身の発達の理解と知識、培ってきた保育技能を実践の場に生かす学びの機会である。現場での幼児や教師の姿に直接ふれたり、指導を受けたりと、短期間に予想外の様々な経験をすることになるだろう。

（1）実習前の心構えと準備
① 実習前の心構え

実習園が決まるのは半年〜1年前である。実習に向けて下記のことを意識して生活することで、幼児の世界に近づくことができる。

• 美しいものや身近な季節ごとの自然に目を向け、驚きや感動の習慣をもつ（照屋，2010）。
• なぜ？という問いの習慣を身に付ける。「おや，なぜ」と思ったら自分で調べ、多様な答えを見つけよう。常に探求心をもって生活しよう。
• 得意な領域をつくっておき、事前に責任実習の際の活動内容について、幼児

の発達段階に応じたものや季節，地域にあった遊びの研究をしておこう。

例：折り紙，鬼ごっこ，絵本の読み聞かせ，制作，リズム体操，言葉遊び，ゲームなど。

- 絵本・昔話などの読書を継続する。1〜5歳児を対象にした本，たとえば自然，伝統行事，実習園のある都市の昔話，食育・障がいなどをテーマとした多様な絵本との出合い。
- 自主性・責任感を養う。他に幼稚園の現場ではともに協力して働くこと，任されたことは最後までやり遂げること，積極的に行動すること等も重要である。

② 準備・練習しておくこと

○自分の名札をつくる

幼児に名前を覚えてもらう。幼児と仲良くなるための第一歩である。大きすぎず，重すぎず，華美でなく，ゾウは灰色，ウサギは白などの既成概念にこだわらないもの。幼児の中で流行しているヒーローやお姫様などのキャラクターは避けた方がよい。材料は安全面に配慮して選ぶ。両面使えるように工夫する。形は四角や丸がよい。名前は画用紙に書いて差し込むようなものにするのが便利。裁縫が得意な学生は，名前を刺繍したり，フェルトで切りぬいてもよい。

例1：名前が「すみれ」パンダがすみれの花を持っている（図①）。
例2：名前が「八木」ヤギの絵で両面工夫されている（図②）。

①

② 表

裏

例3：幼児に親しんでもらう。実習生の好きな動物，食べ物などをデザインする（図③）。

③

参考：羊毛フェルトの名札
材料：フェルト，羊毛フェルト（なければフェルトだけでよい），ひも，モール，はぎれ，フェルト用ボンド，画用紙，マジック，安全ピンなど。

第 6 章 幼稚園教育実習の特質

○自己紹介を考える

　実習当日，幼児たちに興味をもってもらうために，2〜3分程度の長さで笑顔で元気よく自己紹介を行う。視覚的に行うとよい。

　例4：紙に描いて自己紹介する（図④）。

○手遊び・絵本について

手遊び
・実習までに3〜5歳児が遊べる手遊びを用意して練習しておく。 ・年齢，発達，興味に合わせる。 ・気持ちを発散したり集中したりして楽しむもの（幼児を静かにさせる手段ではない）を選ぶ。 ・教師が前に立つ場合は，幼児と左右逆の動きを行う。 ・場所や部位を変える，友達と向かい合ってするなど変化させてみせる。 ・ピッチ・リズム・テンポ・ダイナミック・音色などを工夫しながら，一つの手遊びで，たとえばおすもうさん，ありさん，ロボット，おばけバージョンなどのバリエーションを楽しむ。

　例5：手遊び「ペンギンマークの百貨店」（図⑤）

81

絵　本

〈絵本の選び方〉
• 幼児の年齢や興味・関心・季節・人数にあったもの。
• 絵と文のバランスのよいもので，文字が多すぎない。
• ある程度の大きさがあり，絵がはっきりしているもの。
• 多彩なジャンルから選ぶ。

〈絵本の読み方〉
• 何度も声に出して読む練習をしておく（語尾に気をつける）。
• 一冊読むのに必要な時間を確認しておく。
• 本の持ち方や，持つ位置や高さを考える。幼児が自然に顔をあげた先に絵本があるようにする。たとえば，幼児が椅子にすわるときは教師は立つ，幼児が床にすわるときは教師は椅子にすわる。
• 題名を告げ，表紙をしっかり見せる。表紙→見返し→本文→裏表紙→表紙
• 始まりと終わりは「絵本を読みます」「おしまい」など告げた方がよい。
• ゆっくりはっきり心をこめて読む，過剰な演出はいらない。
• 場面によっては指さし，読む速度，めくるタイミングなどを考えておく。
• 話の内容や展開を心にとめて読む。言葉の響きやつながり，テンポ，リズムにも気をつける。
• むやみに感想を求めない。ただし，幼児からの呼びかけには応え，質問には答える。

（出版文化産業振興財団編，2014）

（2）遊びについて

①　こども理解

　実習までに幼稚園の見学やボランティアなどをして，直接幼児とふれ合っておこう。また，授業で習った3～5歳の知的情緒や運動諸機能の発達も再確認しておく。

②　遊びを知る

　幼児は一つ一つの遊びの中での体験を通じて，その幼児らしい見方，考え方，感じ方，関わり方で，粘土・砂・絵などから形あるものをつくり出したり，友達との関わり方やコミュニケーション能力を身に付けたり，ルールの把握などを行ったりする。その遊びの中にどう関わり，どのように行動すればよいか，学生は戸惑うことも多いが，「隣にすわってもいい？」「見てもいい？」などと声をかけて幼児のそばへ行き，幼児の目線で同じ行為をしていると，幼児の方から学生に心を開いて声をかけてくる。

　遊びを観察するポイントとして，次の6点があげられる。

第6章　幼稚園教育実習の特質

- 幼児が自ら環境に関わっているか，夢中になって遊んでいるか。
- 幼児の声に耳を傾け，どのような言葉を発しているか。
- 言葉を発していない子どもは，どういう表情をしているか，しぐさはどうなのか。
- 幼児は，何を想像し，何に興味・関心をもっているか。
- 困ったことが起きたとき，どのように対応しているか。
- 一人で遊んでいるか，友達との関わりはあるか。

③　幼児と一緒に遊ぼう

　現場で実習生に求められているものは，自主性，責任感，チャレンジ精神などである。養成校で学んだ理論と技術を現場に適応させながら，自ら考えて行動し，教師としての自覚をもち，失敗を恐れないで，とにかく幼児の遊びに参加し，笑顔で心も体も動かして遊ぼう。一緒に遊ぶことで，幼児たちが遊びの中でたくさんのことを学んでいることが体感できる。実習生は幼児と遊ぶことが一番大事であり，常に幼児から学ぶ姿勢をもってほしい。

［3］　幼稚園での指導の実際

（1）実習段階

①　観察実習

　客観的に保育を見ることが中心となる実習である。次の点に注意しながら，幼児を観察してみよう。

- 遊びの様子，たとえばどんな遊びか，誰と，どこで，どのくらい継続しているのか。何に興味・関心があるか。遊びがどのように変化・展開していっているのか。また幼児同士，教師と幼児のコミュニケーションなどを観察する。
- 一日の保育の流れを知り，保育の環境構成や導入，展開，まとめについて知る。
- 担当教員の言葉かけや援助の仕方を知り，その意味を考える。その日に観察するねらいをはっきりさせておくことが大切である。たとえば「ブランコに乗っていた」「砂場で遊んでいた」「仲良く鬼ごっこをしていた」など表面的

83

に見て回るだけでは，あとから記録を書くときに困る。

②　参加実習

　担当教員の保育の助手的な立場で，実際に幼児とふれ合いながら保育に参加する実習である。

・担当教員の日案（ねらいや援助）を把握し，幼児の主体的な活動を尊重しながら遊びに参加し，一人一人の幼児とじっくり関わり，幼児を理解する。

・担当教員の動きや言葉かけをよく見ながら，補助的に集団や個々の幼児に関わって保育のあり方を学ぶ。

・参加だけが目的ではなく，前もって担当教員と相談し，わからないことは質問して，動けるようにしておく。

③　部分実習

　一日の保育の一部分を担当することで，具体的な指導案作成や保育のあり方などを学んでいく実習である。時間は15〜30分くらい，指導案は実習日の3日前までに担当教員に提出して指導をあおぐ。

　　　例：場面は朝の会，昼食の準備，昼食の指導，帰りの会など。内容は歌をうたう，歌
　　　　唱指導，ピアノ伴奏，素話，絵本，紙芝居，手遊び，ペープサート，ゲームなど。

④　責任実習

　一日実習ともいう。教師として責任をもって45分〜1時間，半日または一日の保育を担当する実習である。実習が始まったら責任実習日の予定が大体決まる。指導案は実習の一週間前には担当教員に提出し，相談しながら何度か修正していく。

（2）指導案の書き方

　次に，指導案作成の手順（事前に担当教員に相談すること）について考えてみよう。

Step 1　活動内容を決める…観察実習，参加実習などこれまでの実習から，幼児の生活・遊びなどの姿をしっかり把握して，幼児の興味・関心のある活動を選ぶ。また一日の生活の中で幼児が一緒に活動する時間と場をどのように設定するか。幼児の生活のリズムを考えて，静的な活動なのか，動的な活動をメインにす

るかなどを考える。

Step 2　活動のねらいと内容を設定する…クラスの約8割の幼児が無理なく達成できる内容とする。ねらいは，責任実習を行う中で，幼児に「何を身に付けてほしいのか」「何に気づいてほしいのか」「何を感じてほしいのか」などを具体的に考える。内容は，そのねらいを達成するためには具体的にどのようにして遊ぶのか，幼児に経験させたいことを考える。

Step 3　展　開

●活動に必要な教材研究をする…幼児の発達や経験を踏まえながら，ねらいと内容に適した教材を研究し，事前に整えておくことが大切である。たとえば，絵を描く場合なら，紙質，紙のサイズ，色，描く材料，用具の研究に加え，どのように準備するか，指導教員と相談する必要がある。なお，採用した教材や，用具を実際に使って試しておくことは必須である。また，教材として廃品（牛乳パック，紙コップ，トイレットペーパーの芯，カップの容器，空き箱，毛糸，ボタンなど）や季節の自然物（木の実，木の葉，枝，石）など身近に手に入るものを使うのもよい。

●予想される幼児の活動…時系列に沿って幼児の行動を具体的に書く。

●環境構成…ねらいや内容が達成されるための教師の意図を，図や言葉で書く。実習生が用意した環境に幼児が刺激され，興味・関心をもち，思わず触りたい，関わりたい，やってみたいと思えるような状況をつくり出すことである。保育室，園庭，遊戯室なのか。保育室で行う場合，机や椅子は必要なのか。単に並べて配置するだけではなく，空間にわくわくするような雰囲気や活動のヒントや手助けになるようなものがあるとよい。活動中の幼児の動線や片づけまでを考える。また活動に必要な準備物，数量なども書いておく。

●教師の援助…予想される幼児の行動から，どのような援助が必要か，なぜその援助をするのかを書く。その分野の活動が得意ではない，嫌がる，時間がかかる等が予想される2割の幼児には，一人一人の援助を考えておく。また，途中で意欲や興味が薄れ，嫌になったり行き詰まっている幼児には，新しいやり方やヒント，刺激，ほかの教材などを準備しておくとよい。

●導入…保育をスタートさせる際，導入がとても重要である。導入は幼児をやる気にさせること，つまり，内面から生じる内発的動機づけであり，始まりは教師であっても，あたかも幼児がやりたくてやったように方向づけていく言葉かけや

しかけである。しかし，導入に時間をかけすぎると，幼児が導入の部分で集中力を使いすぎて疲れてしまうので，気をつけること。

Step 4　まとめ…遊んだあとの片づけを幼児と一緒にやりながら，幼児がやってよかったと満足感や達成感を味わえていたかを確認する。

Step 5　反省・省察・評価…保育の振り返りは大切である。その日の感想にならず，評価の観点は，「ねらい」や「内容」は達成できたか，できなかった場合はなぜできなかったのか，ねらいや内容が幼児の発達に即しているものだったか，教師の言葉かけは適切だったか，教材は合っていたか，また適量だったか，環境構成はどうであったか，などについて焦点を当てる。

つづいて指導案作成の注意事項についてあげる。

① 時間や活動に柔軟性をもたせる。活動量が多すぎないよう，時間配分をよく考える。

② 丁寧な字で誤字・脱字に気をつけて書く。

③ 話し言葉は使わない（たとえば，すごい，ちゃんと，など）。

④ ら抜き言葉や，い抜き言葉にならない（食べれる→食べられる，立ってる→立っている）。

⑤ おをつけすぎない（おつめ，お帽子，お着替え，おてて，など）。

（3）指導案の作成のポイント

指導案の作成のポイントについて，例を示そう。

作成のポイントと記入例

9月10日　　5歳児　○○組　○名　　担当教員名　○○○○　　　　　　　　実習生氏名　○○○○			
幼児の姿 ※クラスの状況や昨日の遊びの様子，興味をもっていること，友達との関わりなど実態を書く。 ※幼児の姿からどのように育ってほしいかという教師の願い。		ねらい ※幼児の姿から，「何を身に付けてほしいのか」「何に気付いてほしいのか」「何を感じてほしいのか」などを具体的に書く。幼児が主語となるように書く。 ㋕登場人物に親しみながら，ゲームのルールがわかり，友達と遊ぶ楽しさを味わう。	
㋕桃太郎の人形劇を見たあと，夢中になって桃太郎ごっこをしている。 ㋕桃太郎のお話で友達とさらに楽しく遊べるようにしていきたい。		内容 ※ねらいを達成するために幼児に経験させたいことを具体的に書く。ねらいと対応させて書く。 ㋕・フルーツバスケットを桃太郎にアレンジして遊ぶ。 　・呼ばれるドキドキ感を感じたり，すばやく移動したりする。 　・困ったことを出し合いながら遊びを進めていく。	
時間	幼児の活動	環境構成	教師の援助（★個々への配慮）
	※幼児の活動なので幼児を主語にする。 ※時系列に沿って書く。	※ねらいに向かうために計画的に必要な環境を構成する。	※教師と幼児が関わる直接的な援助で，幼児の活動からどのような援助が必要か。
	㋕○フルーツバスケットをする。 （桃太郎にアレンジ編） ・役割を相談し，桃太郎・犬・キジ・サルになる。 ・ルールを確認し合う。 「鬼退治」の言葉で全員移動する。 ・困ったことを話す。	・保育室を広く使えるように，机や遊具などは廊下に出しておく。 椅子を丸く並べる ・登場人物がみんなにわかるように絵が描いてある帽子を少し多い目に用意する。 ・準備するもの お面 （桃太郎，犬，キジ，サル）	○幼児は桃太郎の話に親しみをもっているので，フルーツバスケットをアレンジしてさらに楽しめるようにする。 ○友達と一緒に遊ぶ楽しさを感じられるように，移動する際に「すばやいサルだね」「強そうな犬だね」と言葉をかけてゲームを盛り上げる。 ○わざと座ろうとせずに何度も鬼になる幼児がいたり，椅子の取り合いになるなど困ったことが出てきたら，みんなで話し合う場をもつ。　トラブルに対する援助 ★みんなの前で恥ずかしさから思いを言えないA児が鬼になったときは，教師が寄り添いながら励ましたり言葉を補ったりする。　個々への配慮

大きな項目と小さな項目に分ける

環境設定，幼児の座る位置など図に描く。

具体的な環境を「〜するように〜する」と書く。

87

指導教員の指導案例

ぱんだ組　　　　10月17日（月）時間　8：40〜14：00　　　　　　担当教員　上田　かおり

10月『固定遊具や運動用具を使って，思い切り体を動かして遊ぶ楽しさを味わう。』

ねらい　○思い切り体を動かして遊ぶ楽しさを味わう。

内　容　・目的をもって，走る。

　　　　・力いっぱい走る心地よさを味わう。

　　　　・保育者や友だちと一緒に体を動かして遊ぶことを喜ぶ。

活　動　追いかけっこをする。

> 活動や育ちに対して必要な助言・指示・承認・共感・励ましなど。教師が行う援助が指導である。

時間	＊予想される幼児の活動　☆保育者の願い	△環境構成　○保育者の援助　◇評価の観点
8：40	○登園する。《友だちと笑顔で挨拶を交わす。》	○一人ひとりの名前を呼び，スキンシップを取りながら笑顔で挨拶を交わし，気持ちや体調などを視診する。　養護・健康への援助
	> 担当教員の指導案なので，全生活の細かいねらいが書かれている。	○友だち同士をつなぐように，保育者が名前を呼んで挨拶をする。
	○登園時の身支度をする。《自ら進んで身支度を行う。》	○所持品の始末がおろそかになりがちな幼児には，自ら進んで行う友だちの姿を認めることで，自分の行動の跡に気づかせていく。
	・鞄と帽子をロッカーに片付ける。	
	・出席ノートにシールを貼る。	○制服のボタンをはずすことが苦手なW児，T児，N児には，自分でできたと思えるように少しだけ手を貸し，励ましていく。
	・コップと歯ブラシを出す。 > 幼児が自らかかわりたくなるような状況を作っている。	
	・園庭シューズを靴箱に入れる。	△先週楽しんだ線路作り，ダンボール汽車で引き続き遊べるように，遊びかけの状態で置いておく。
	・制服から体操服に着替える。	△それぞれ興味をもった遊びに熱中できるように，遊びのコーナーを区切っておく。
	○好きな遊びをする。《興味のある遊具や用具を選んで遊ぶ。》	○すぐに遊び出せないN児，K児には保育者が興味を探り遊びに誘ったり，モデルを示したり，また友だちから誘いかけるように促したりして，遊び出すきっかけを作っていく。
	＊線路作り，ダンボール汽車ごっこ	
	＊廃材製作	
	＊ままごと	
	＊折り紙	○用具の取り合いや思いのズレなどのトラブルが生じたときは，それぞれの思いを受け止め，自分の思いを諦めずに相手に伝えられるよう励ましたり，伝え方がわからないときにはモデルを示したりしていく。またそれぞれの思いが相手の心に留まるよう，保育者が繰り返し言葉にしていく。
	＊竹ポックリ	
	＊鉄棒	
	＊園庭固定遊具	
	＊三輪車	
	＊砂場	
	> トラブルの援助	
	> おおまかな時間の流れがわかるように。	△追いかける，逃げる，の関係が楽しめるよう，範囲を制限する。
11：10	○片付け，手洗いうがい，排泄	○保育者自ら積極的に体を動かし，幼児の意欲を掻き立てていく。
11：20	○追いかけっこをする。	○一人一人が目的を明確にもって走れるよう，短く簡単な言葉でルールを伝える。
	「先生にタッチしよう」	
	＊逃げる保育者を追いかけることを喜ぶ。	○「保育者をタッチする」など，ルールのあるものは，しっかりできているか最後の幼児まで見届け，認めの言葉をかけていく。
	＊保育者を友だちよりも早く捕まえようとする。	
	＊保育者を追いかけ抱きつくことを喜ぶ。	
	「今度は先生がみんなを捕まえるよ」	

（環境構成図内の表記）
絵本コーナー
ままごとコーナー
折り紙コーナー
材料棚
ダンボール汽車
製作・描画コーナー
ビニールテープ線路
廊下：竹ポックリ

88

第6章　幼稚園教育実習の特質

	＊保育者に追いかけられることを喜ぶ。 ＊保育者に捕まらないように一生懸命走る。 「先生一人じゃみんな捕まえられない！ 一緒に追いかけてくれる人？」← 状況の変化を予測する。 ＊友だちを追いかけ始める。 ＊友だち同士で追いかけたり，逃げたり，捕まえたりすることを楽しむ。 ＊保育者や友だちに捕まると怒る。 ＊途中で「追いかける」「逃げる」の役を自由に変わる。 ☆少々疲れても，もっとやりたい！面白い！と意欲をもって活動してほしい。 ← 一人一人の発達の特性に応じた指導 ← 一人一人の思いに沿い，一人一人を大切にする保育をしよう。	○幼児の体力や気温に応じて水分補給や休息を取り入れる。 △すぐに水分補給ができるよう，近くに水筒を置いておく。 ○こけたり，捕まったりして，途中で気持ちが折れてしまう幼児には，気持ちを受け止め励ましていく。 ○保育者も一緒に力いっぱい走る中でも，幼児の望み（捕まえたい，逃げたい）が満足いくものになるよう，速さを加減する。 ○少々疲れるぐらいでも満足感が得られることを考慮し，活動時間を見極める。 ○走ることが苦手なN児，A児，Y児には，走る感覚を身につけたり爽快感を味わったりできるように，保育者と手をつないで走る。 ○一人一人の一生懸命な姿を認めたり，楽しさを共感したりしながら活動を進めていく。 ◇一人一人が笑顔で活動しているか。
11：50 12：00	○手洗いうがい，排泄，食事の準備 ○給食を食べる。 《友だちと一緒に食べる楽しさを味わう。》 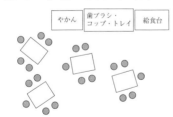 ○食事の片付け，歯磨きをする。 ○好きな遊びをする。 ○片付け，手洗いうがい，排泄 ○コップと出席ノートを鞄に片付ける。 ○リズム遊び「すいすいトンボ」 ← 友だちとふれ合うために，教師が意図的に2人組を作っている。	△友だちと楽しく会話しながら食事ができるように，少人数でテーブルを囲めるように設置する。 ○とくに食事前には，保育者も一緒に手洗いうがいをしながら，丁寧に行えているか，一人一人確認する。 ○楽しく食事する中でも，食事中の姿勢や箸，フォークなどの正しい持ち方に気づかせていく。 ○好き嫌いの多い幼児には，少しでも食べられるものが増え，自信につながるよう，自分で食べてみようと思えるものを選ばせ，励ましていく。 ○食後の歯磨きを忘れがちなM児には食後の活動の流れが身に付いていくよう，一つ一つ保育者と確認しながら進めていく。 ○食後すぐに激しく動いて遊ぶことのないよう，絵本や折り紙のコーナーを充実させておく。 ○降園前の身支度では，幼児同士で，できているか確認したり，気づいたことを知らせたりできるよう見守る。
13：20 13：30 13：50	○歌「どんぐりころころ」 　　「まつぼっくり」 ○手遊び「かみなりどん」 ○絵本視聴「せんろはつづく」 ○おまいりをする。 ・うた「ねね」 ・黙想 ○降園する。 《友だちと一緒にいることが楽しいと感じる。》	△友だちを意識して活動できるように，二人組を作ったり，手をつないだり，ふれ合ったりする活動を取り入れていく。 ○絵本視聴では，幼児の反応を見ながら読み進めたりページをめくったりしていく。 ○一日の終わりに気持ちを落ち着かせてお参りができるよう，声のトーンを下げたり，ピアノをゆったりと弾いたりして雰囲気作りをしていく。 ○降園時には，忘れ物がないか，身なりが整っているかを確認し，明日の園生活に期待がもてるよう，スキンシップを取ったり会話したりして別れる。

89

最後に，実習生の責任実習の指導案の具体例を見てみよう。

実習生　責任実習の指導案例

10月 日5 歳児 空組 28名	担当教員氏名	実習生氏名　M. N.

子どもの姿

○ 先週から好きな友達を誘って，忍者ごっこを楽しんでいる姿が見られる。

○ 遊びに必要なものを作り，それを使って積極的に友達と関わろうとしている。

ねらい

○ 友達と一緒に目的を持って遊びを進めていこうとする

○ 渡る・登る・ジャンプなどの色々な運動に進んで取り組む

内容

○ 友達と一緒に準備をしたり，友達を応援したりする

○ 忍者になって色々な技を行う

時間	幼児の活動	環境構成	教師の援助（★個々の配慮）
8:30	○登園する ・先生や友達と挨拶を交わす ・持ち物の始末をする （出席ノート・タオル・かばん）	○忍者関連の本や図鑑を置いておく。忍者により親しみや関心が持てるようにする。	○一人一人に元気に声を掛けながら子どもの心身の状態を把握する。
9:40	○好きな遊びをする 〈保育室〉 ・忍者の修業に必要なものを作る（リストバンド） 〈園庭〉 （鬼ごっこ・固定遊具・砂場）	○忍者修業リストバンドを自由に作れるように，材料を分類して置いておく。 ○忍者ごっこが楽しめるように雰囲気を盛り上げられるような曲をかける。 ○手を洗った後，すぐに手が拭けるようタオルを掛けた場所を用意しておく。	○意欲的に身体を動かして遊べるように「忍者修業リストバンド」を作り，一周まわるごとにシールを貼ってやる。 ★「作れない，出来ない」とやってくる子どもには，どのような形にしたいのかなどを質問しつつアドバイスを与えながら，子ども達自身が制作できるよう促す。 ○子どもの言葉を取り上げて，他児にも知らせることで友達の思いに気づいたり，共感できるようにする。 ○自分から発言できないが思いを持っているA児には「どんな技がいい」と保育者が聞き，気持ちを引き出せるよう配慮を行う。
10:00	○片付けをする ・手洗い・うがい・排泄をする		
10:30	○忍者になって遊ぶ（図6-1） ・修業の話を聞く　〈遊戯室〉 ・いろいろな修業を考える ・準備をする ・やり方を確かめる ・チャレンジをする ・シールを貼ってもらう ・気がついたこと，感じたことを話す	○修業の話をする時に保育者が見えるように子ども達を座らせる。 （図の座席配置） Ⓣ〜保育者　子ども ○子ども達が自分で並べ方を考えたり自由に並べ替えたりできるように軽くて扱いやすい用具を用意しておく。 ○シールは忍者に関係のあるシールを用意しておく（図6-1）	○子どもの発想を現実に出来るように具体的なものを一緒に考えたり，活動を見守ったりする。 ○意欲が湧くように子どもたちに準備を任せ，安全面には気を配る。 ○身体を動かして遊び，満足感が味わえるように，用具・遊具の配置を工夫する。 ○一人一人が自分なりの目標をもって取り組めるように技の難易度を変えたり，子どもが選べるようにする。 ○シールを貼る時に，できたことに対し，達成感が味わえるように声を掛け一緒に喜ぶ。 ○チャレンジする楽しさを感じられるように一人一人の変化を見逃さず認める。
11:30	・片付けをする ・手洗い・うがい・排泄をする		
12:00	○お弁当を食べる ・片付けをする ○好きな遊びをする ○降園準備をする ・出席ノート・タオル・かばんを身につけて座る ・「もみじ」を歌う ・絵本を見る「わんぱくだんのにんじゃごっこ」 ・宝探しの話を聞く ・挨拶をする	○机や椅子を用意し，スムーズにお弁当の用意が出来るよう，事前に環境を整えておく。 （机の配置図） 机　机 机　机 机 Ⓣ（座席配置図） ○絵本が良く見えるように教師が椅子に座って読む。	○友達の動きを見たり，応援したりできるような場を作る。 ○楽しく遊べるよう，話し方を忍者にするなどし，保育者も忍者になりきり雰囲気作りを行う。 ○降園のための準備は何をするのか具体的に指示を行い，子どもたちが，次の行動の見通しを立てられるよう工夫する。 ○準備をするペースが子どもによって差があるため，待っている間に歌を歌い，空白の時間が出来ないよう配慮する。 ○明日の遊びが広がるように，宝探しの話をし，今日1日で行ったことを振り返り楽しさを共有する。 ○探しものをしたり，建設がないかなどかを確かめ，服装が乱れている幼児には，整えるよう声をかける。 ○明日に期待が持てるような言葉掛けを行い，一人一人笑顔で送り出す。
14:30	○降園する		

90

第6章　幼稚園教育実習の特質

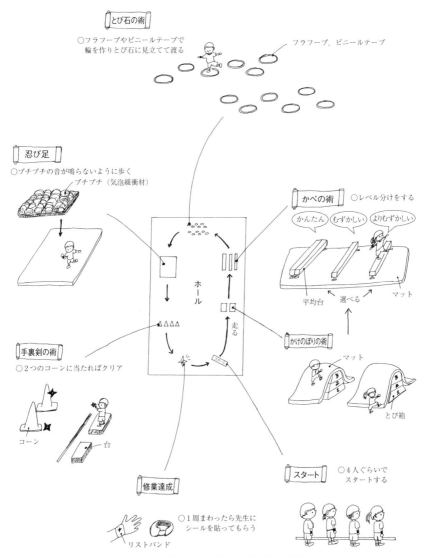

図6-1　忍者になって遊ぶ〈遊戯室の環境〉

引用文献

京都造形芸術大学こども芸術学科　M. N.「責任実習の指導案例」。

京都造形芸術大学こども芸術学科　T. A.「自己紹介例とイラスト」。

出版文化産業振興財団編（2014）『JPIC 読み聞かせハンドブック［第14版］』出版文化産業振興財団。

照屋敏勝（2010）「保育内容研究『言葉』の議事録」。

佛教大学附属幼稚園　上田かおり「指導教員の指導案例」。

文部科学省（2013）『指導計画作成と保育の展開』フレーベル館。

文部科学省（2018）「幼稚園教育要領解説」。

（学習の課題）

指導案を作成しよう。

(1)　3歳児…梅雨期の6月，幼児が楽しめるようなお話を創作しよう（部分実習）。

(2)　4歳児…10月に園外保育に出かけ，木の実や木の葉をたくさん集めて園に戻った。それらを使って楽しい造形活動を考えてみよう（責任実習）。

(3)　5歳児…言葉や数量に興味や関心がもてる遊びを考えてみよう（責任実習）。

【さらに学びたい人のための図書】

小櫃智子・守巧・佐藤恵・小山朝子（2013）『幼稚園・保育所実習パーフェクトガイド』わかば社。

　　⇨実習前・中・後と順序立てられていてわかりやすく，保育実技の例がたくさん紹介されている。

開仁志編著（2012）『保育指導案　大百科事典』一藝社。

　　⇨指導案の活動事例がたくさん紹介されていて，使用される保育用語がわかりやすい。

（前川豊子）

| 第7章 | 小学校教育実習の特質 |

この章で学ぶこと

2017年3月，小学校では2020年度より全面実施となる新学習指導要領が告示された。この章では，教育課程の基準となる新学習指導要領が示している教育像を縦糸に，いま，学校教育に求められている，変えていかなければならないもの（流行）と，今後も大切にしていかなければならないもの（不易）は何かを検討する。また，小学校での教育実習に際して，実際の教育現場で見る小学生の姿や教員の動き，授業力向上に向けての取組みなど，事前に認知しておくべき事項について考察する。

1 小学校教育における法令

（1）教育基本法と学校教育法

日本の教育の根本法である教育基本法は，1947年に制定され，2006年に改正された。改正された教育基本法の前文には，「個人の尊厳を重んじ，真理と正義を希求し，公共の精神を尊び，豊かな人間性と創造性を備えた人間の育成を期するとともに，伝統を継承し，新しい文化の創造を目指す教育を推進する」という理念が示されている。それを受けて第9条には，「法律に定める学校の教員は，自己の崇高な使命を深く自覚し，絶えず研究と修養に励み，その職責の遂行に努めなければならない」と，学校の教員には，自覚と自己研鑽に努めることが求められている。

学校教育法は，学校教育に関する諸事項を定めるために，教育基本法と同じ1947年に施行され，2007年に改正されている。

この学校教育法の第4章に，小学校に関することがらが示されている。第29

条に書かれている目的には，「小学校は，心身の発達に応じて，義務教育として行われる普通教育のうち基礎的なものを施すことを目的とする」とある。この目的を達成するため，第30条には，「生涯にわたり学習する基盤が培われるよう，基礎的な知識及び技能を習得させるとともに，これらを活用して課題を解決するために必要な思考力，判断力，表現力その他の能力をはぐくみ，主体的に学習に取り組む態度を養うことに，特に意を用いなければならない」と目標があげられている。ここでいわれている①基礎的な知識及び技能，②思考力，判断力，表現力等，③主体的に学習に取り組む態度の3点は，学力の3要素として認識されている。さらに第31条には，「児童の体験的な学習活動，特にボランティア活動など社会奉仕体験活動，自然体験活動その他の体験活動の充実に努めるものとする」と体験活動の重要性にもふれられている。

　教育課程に関して学校教育法は，第33条で文部科学大臣が定めるとしている。これを受けて文部科学省令である学校教育法施行規則は，教科の種類，授業時間数等を定め，第52条で，「教育課程の基準として文部科学大臣が別に公示する小学校学習指導要領によるものとする」と，学習指導要領の公示を文部科学大臣に委任している。

（2）学習指導要領の改訂

　先述のように，教育課程の基準としての学習指導要領とは，全国のどの地域で教育を受けても一定の水準の教育を受けられるようにするため，国（文部科学大臣）が定めたものである。学習指導要領では，教育課程は教育基本法等の法令および学習指導要領に従い，各学校において適切な教育課程を編成し，目標を達成するよう教育を行うものとされている。

　学習指導要領は，時代の変化や子どもたちの状況，社会の要請を踏まえ，およそ10年ごとに改訂されている。今回も2008年3月に告示された学習指導要領から9年を経た2017年3月に，新学習指導要領が告示された。周知・徹底の期間を経て，小学校では2020年度から全面実施となる。新学習指導要領の内容にふれる前に，そのベースとなっている2008年改訂の学習指導要領についてみて

第7章　小学校教育実習の特質

おこう。

　2008年改訂の学習指導要領は，教育基本法の改正により明確になった教育の目的や目標を踏まえ，知識基盤社会でますます重要になる子どもたちの「生きる力」をバランスよく育んでいく観点から見直しが行われた。「生きる力」とは，変化の激しいこれからの社会を生きるために，確かな学力，豊かな心，健やかな体の知・徳・体のバランスのとれた力であると説明されている。

　この改訂の基本的な考え方は次の3点である。

①　教育基本法改正等で明確となった教育の理念を踏まえ「生きる力」を育成

②　知識・技能の習得と思考力・判断力・表現力等の育成のバランスを重視

③　道徳教育や体育などの充実により，豊かな心や健やかな体を育成

　また，教育目標や内容が見直されるとともに，習得・活用・探究という学びの過程の中で，言語活動や体験活動を重視することとされ，そのために必要な授業時間数も確保されることとなった。そのため，国語・社会・算数・理科・体育の授業時数は10％程度増加し，週当たりの授業コマ数でみると，低学年で週2コマ，中・高学年で週1コマ増加した。

（3）2018年改訂学習指導要領

　小学校においては2020年度から全面実施となる新学習指導要領は，よりよい学校教育を通じて，よりよい社会をつくるという目標を学校と社会が共有して実現できるよう，子どもたちが身に付けるべき資質・能力や学ぶべき内容などの全体像をわかりやすく見わたせる「学びの地図」として示された。そこでは，「何ができるようになるか」「何を学ぶか」「どのように学ぶか」の観点から，必要事項の整理が行われている。

　新学習指導要領の総則第1の2には，「主体的・対話的で深い学びの実現に向けた授業改善を通して，創意工夫を生かした特色ある教育活動を展開する中で，（中略）児童に生きる力を育むことを目指すものとする」とある。従来から目指してきた「生きる力」を育むことを踏襲しつつも，「どのように学ぶか」の観点から，学習・指導方法において，主体的・対話的で深い学び（いわゆる

95

「アクティブ・ラーニング」）に則った学習過程の改善が求められている。

　さらに，総則第1の3には，「生きる力を育むことを目指すに当たっては，（中略）どのような資質・能力の育成を目指すのかを明確にしながら，教育活動の充実を図るものとする」とある。ここでは「何ができるようになるか」の観点から，育成を目指す資質・能力の三本柱として，

①　知識及び技能が習得されるようにすること
②　思考力，判断力，表現力等を育成すること
③　学びに向かう力，人間性等を涵養すること

が示されている。

　また，外国語教育の教科化など「何を学ぶか」の観点から，新しい時代に必要となる資質・能力を踏まえた教科・科目等の新設や目標・内容の見直しが行われている。

　このように新学習指導要領では，子どもたちが学びの成果として「何ができるようになるか」の観点から視点を重視し，「何を学ぶか」の観点から学習内容を見直し，「どのように学ぶか」の観点から学習過程を改善することにより，学校教育におけるより質の高い学びの実現を目指している。

　2　　小学校教育の特質

（1）小学生の姿

　一概に小学生といっても，小学校の1年生から6年生までの6年間は，子どもたちにとって成長の著しい時期である。

　身長差をみてみても，2017年度の学校保健統計調査によると，1年生の男子児童の平均が116.5 cm，女子児童の平均が115.7 cmであるのが，6年生では男子児童の平均が145.0 cm，女子児童の平均が146.7 cmと，男子児童で28.5 cm，女子児童では31.0 cmもの違いがある（文部科学省（2018）「学校保健統計調査」）。

　当然のことながら内面的な能力面での成長も著しい。国語で習得する漢字を例にあげても，1年生では80字であるが，小学校を卒業するまでの6年間では

1026字の漢字を習得することになるのである（文部科学省（2017）「小学校学習指導要領国語」）。

　そこで，小学生を低・中・高学年に分けてみていった場合，小学校の低学年は，思考・判断の決定における親や教師の比重が，まだまだ大きい段階だといえる。低学年の学級の子どもが書く字が，その担任の書く字に似てくるといわれることがあるのも，その現れであろう。この時期考慮すべきは，低学年の2年間の中で生じた学力差が，その後の学力差の拡大に大きく影響してくるということである。具体的な操作・作業をふんだんに取り入れ，基礎的な知識・技能の定着や，感性を豊かに働かせ，身近な出来事から気づきを得て考えることなど，中学年以降の学習の素地を形成していくとともに，一人ひとりのつまずきを早期に見出し，指導上の配慮を行っていくことが重要である。

　中学年は，思考・判断の決定において友達の存在が大きくなり，ときには親や教師との約束よりも友達との約束を優先させようとする。教科では社会科や理科の学習が始まるなど，具体的な活動や体験を通じて低学年で身に付けたことを，より各教科等の特質に応じた学びにつなげていく時期で，指導事項も次第に抽象的な内容に近づいていく段階である。しかし，このような学校の学習についていけなくなる児童も増え始めるため「小4の壁」といわれることもある。中学年の抽象的内容の学習に円滑に移行できるような指導上の配慮が課題となる。

　高学年においては，子どもたちの抽象的な思考力が高まる時期である。社会の出来事にも関心をもち始め，理屈で物を言うことが多くなる頃でもある。学習内容も大幅に増加し，教科等の学習内容の深化に合わせ，目指す資質・能力の育成に確実につなげるためには，指導の専門性の強化が不可欠である。

　子どもたちが暮らしている社会に目を向けてみよう。「子は親の鏡」といわれるが，合わせて子どもは「社会の鏡」という存在でもある。それは，子どもたちが直接社会から受ける刺激のみならず，いままさに社会の荒波の中で生きている子どもたちの親から受けている影響を映しているからである。

　現代社会は第4次産業革命の時代に入ったともいわれる。人工知能（AI）が

様々な判断を行い，身近なものがインターネットでつながり，ロボットが人の仕事を代行する時代の到来が，社会を大きく変えていくと予測されている。すでに子どもたちは，ゲーム機をとおして拡張現実（AR）の世界に親しみ，将来なりたい仕事に10年前にはなかったユーチューバーなどの名前があがるようになってきている。

　一方で，子どもを取り巻く課題も多く重い。子どもの貧困問題は，進学率や学力などに大きな影響を及ぼしている。児童虐待で保護される子どもも後を絶たず，身体面だけでなく精神面でのケアが必要である。不登校児童生徒数は高水準で推移している。ネット社会は，大人の目の届かないところでいじめや薬物の温床になっている。

　教師が子どもをどのように見取るかが，指導の第一歩となる。子どもの発達段階や生育歴，子どもを取り巻く環境や背景など，子どもの目線に立って見えてくる景色の中で子どもを見取ることが大切である。

（2）新たな学校像

　かつての学校は自己完結型といわれ，内向きな学校構造で，地域に対しても閉鎖的な学校が少なからずあった。しかし，社会の変化の波は，当然のことながら学校のあり方にも新たな対応を求めてきている。

　以前から日本の教員は，国際的にみても学習指導や生徒指導以外にも幅広い業務を担っていた。このことは，子どもに対して総合的に指導が行えるという利点はあるが，労働時間の増加や負担意識の拡大にもつながってきた。

　グローバル化・知識基盤社会化に伴う英語教育やプログラミング教育といった新しい教育への対応，いじめ不登校など生徒指導上の課題や特別支援教育の充実など複雑化・困難化する児童生徒への対応，増加する保護者対応等，学校および教員の仕事は以前にも増して拡大し，多様化してきている。

　さらに加えて，近年の教員の大量退職，大量採用の影響等により，教員の経験年数の均衡が崩れ始め，かつてのように先輩教員から若手教員への知識・技能の伝承をうまく図ることができない状況もある。

第7章　小学校教育実習の特質

中央教育協議会の答申（中央教育審議会, 2015b）では，これらの学校を取り巻く環境の変化に対して，「チームとしての学校」という考え方の改善方策が示されている。

「チームとしての学校」では，多様な専門人材が責任を伴って学校教育に参画するため，教員はより学習指導や生徒指導に力を注ぐことができるとされる。すなわち，いじめや不登校などに関わる心のケア，特別支援教育，日本語指導が必要な外国人児童等に対応するスクール・カウンセラーやソーシャルワーカーといった専門スタッフが学校教育に参画し，連携・分担することによって，児童に対してはより教育的な効果が期待できる一方で，教員は，アクティブ・ラーニングを念頭に置いた学習指導や生徒指導により専念できるというものである。

また，学校のマネジメントが組織的に行われる体制の構築が図られる。主幹教諭の配置促進，事務機能の強化などにより校長のリーダーシップ機能を増し，多様な専門スタッフを含めた学校組織全体を効果的に運営するためのマネジメント体制を確立しようとするものである。

さらに，学校と地域の連携・協働が強化される。以前より，小学校はとりわけ地域コミュニティの中核としての役割を担ってきた。すでに，児童の登下校の見守りや課外活動への指導協力などでの家庭・地域との連携・協働がみられる校区もある。地域の人々と目標や課題を共有することによって学校の取組みに対して理解を得ることができれば，学校や教員に対する強力なサポーターとしての支援が期待できる。すべての公立学校において，コミュニティ・スクールがいっそう推進されることになるだろう。

児童が置かれている状況によっては，学校と警察や児童相談所等との連携・協働によって，生徒指導や子どもの健康・安全等に組織的に取り組んでいくためのネットワークづくりもさらに推進されるであろう。

財政面や運用面における懸念はあるが，学校が複雑化・多様化した課題を解決し，新しい時代に求められる資質・能力を子どもに育んでいくために，校長のリーダーシップのもと，多様な職種の専門性を有するスタッフを学校に置き，

99

教員がチームとして取り組む「チームとしての学校」の体制が構想されているのである。

（3）教員に求められる資質能力

「教育は人なり」といわれる。親子が歩いている道ばたに，チューリップの花が咲いていたとしよう。子どもが見つけて「お花が咲いているよ」と親に伝える。そのときに親が，「きれいな花だから絵を描こう」と応えると，その子は絵画に関心をもつ子になる。「何という花か，図鑑で調べよう」と応えると，その子は図書に関心をもつ子になる。「チューリップの歌を一緒に歌おう」と応えると，その子は音楽に関心をもつ子になる。「花なんてどうでもいいから，さっさとおいで」と応えると，その子は感性の扉を閉ざしてしまう。

学習指導要領という同じ材料を使いながらも，それをどう分析し教材化して子どもたちに提供するかは，教員一人ひとりの資質能力に委ねられているのである。

教員が備えるべき資質能力については，たとえば使命感や責任感，教育的愛情，教科や教職に関する専門的知識，実践的指導力，総合的人間力，コミュニケーション能力等が，いつの時代にも求められる不易の資質能力として，引き続き教員に求められる。

さらに今後とくに求められる資質能力としては，

① 自律的に学ぶ姿勢をもち，時代の変化や自らのキャリアステージに応じて求められる資質能力を生涯にわたって高めていくことのできる力や，情報を適切に収集し，選択し，活用する能力や知識を有機的に結びつけ構造化する力。

② アクティブ・ラーニングの視点からの授業改善，道徳教育の充実，小学校における外国語教育の早期化・教科化，ICT の活用，発達障害を含む特別な支援を必要とする児童生徒等への対応などの新たな課題に対応できる力量。

③ 「チーム学校」の考えのもと，多様な専門性をもつ人材と効果的に連携・分担し，組織的・協働的に諸課題の解決に取り組む力。

などが必要とされる。

　さらに，これからの時代を生きる子どもたちをどう育成すべきかについての目標を組織として共有し，その育成のために確固たる信念をもって取り組んでいく姿勢が求められている（中央教育審議会，2015a）。

3　小学校での指導の実際

（1）小学校の一日

　小学校の一日は，概ね表7-1のようなスケジュールで進められている。

　それぞれの業務の内容をみていくと，

① 　出勤…授業の準備，登校指導，保護者との電話連絡など

② 　職員打合せ…諸連絡事項の確認，配布物の確認など

③ 　朝の会…出欠確認，健康観察など

④ 　授業…各教科の指導，特別活動の指導など

⑤ 　休み時間…児童とのふれ合い，個別指導，宿題の点検など

⑥ 　帰りの会…一日の振り返り，諸連絡など

⑦ 　放課後…個別指導，家庭連絡・訪問，学級事務，教材準備，職員会議，授業研究会，各種研修会など

ということになるが，突発的な生徒指導や児童の傷病への臨機応変な対応など，一日として同じ日はないのが学校現場である。

　さらに，遠足や修学旅行，運動会，入学式，卒業式などの行事も，学校教育において大きなウエイトを占めている。

　なお，退勤時刻を19：00頃としたのは，小学校教諭の一日当たりの学内勤務時間の平均が，11時間15分であったという文部科学省の2016年度「教員勤務実態調査」によ

表7-1　小学校の一日のスケジュール例

（8：00頃）	出勤…①
8：30	職員打合せ…②
	朝の会…③
	授業（1・2校時）…④
	休み時間…⑤
	授業（3・4校時）
12：20	給食指導
	休み時間
	清掃指導
	授業（5・6校時）
	帰りの会…⑥
15：30	放課後…⑦
（19：00頃）	退勤

るものである（文部科学省初等中等教育局（2016）「教育勤務実態調査（平成28年度）の集計（速報値）について」）。

（2）教育実習

　教育実習とは，正規の教員に準じる教育実習生という立場で実際の学校現場に臨み，大学で修得した教育に関する知識や技術を実践検証するとともに，日々の教育活動に邁進する教職員の姿から，学校教育の概要と教師の職務や資質能力について学ぶものである。さらに，この実習をとおして自己の課題を明確にし，自己研鑽につなげていくことが重要である。

　実習期間は3～4週間で，中心になって指導を受ける指導教員のもと，主にその指導教員の学級で実習を行う。前半では学校の教員の授業等を見て学ぶ観察実習が中心で，後半から実際に授業を行う授業実習となるのが一般的である。終盤に授業実習の集大成として研究授業（中心授業，査定授業と呼ぶ学校もある）を行い指導や助言を受け，教育実習を締めくくることになる。

　教育実習は，それまで受けてきた大学等の講義とは違い，現実の小学生という相手のある学習であり，期間中は実習生も子どもたちから「先生」と呼ばれる。実習生にとっては試行の期間であっても，子どもたちにとっては毎日が本番なのである。実習生の不用意な発言や行動が，子どもに深刻な影響を与えることもありうるということを念頭に，自覚と責任ある姿勢で臨まなくてはならない。

　学校現場に入ると，教師や子どもたち，学校の取組みなどから日々新たな発見とともに学びを得ることになる。

　教師からの学びは，学習指導や生徒指導，学級経営など多岐にわたる。そして，それぞれの場面における集団への働きかけや一人ひとりの個に応じた声かけなど，個と集団を意識した関わり方にポイントを置いた見方も大切である。教師の児童に対する関わり方の根底には，深い児童理解があることを学びたい。

　子どもたちからの学びは，その児童理解である。実習が進むにつれ，児童に対して「子ども，児童」という見方から，「Aさん，Bさん」という個を意識した見方に変わってくる。そこから児童理解へとつなげるためには，一緒に遊

んだり話をしたりして子どもたちとふれ合うことが大切である。たとえば3年生は，3年生のレベルの語彙や内容で，すなわち3年生語で話をしている。その3年生と親しく話をしようとすれば，目線を下げて3年生語を3年生から学ばなければならない。児童を理解しようとする姿勢は，教育の土台である信頼関係の構築につながる。

　学校の取組みからの学びは，現在の条件下で学校が組織として児童の教育に取り組んでいるということである。学校には，教員以外にも学校教育に関わる多くの人たちがいて，児童の育みを支えている。児童のもつ課題が学級の枠を超える大きなものであっても，学校は組織として対応する体制を保持している。ここでは，組織の一員として認められ機能していくために，社会人としての常識的なマナーやコミュニケーション能力を身に付けることの大切さを学びたい。

（3）学習指導

　教育実習を終えた学生に，実習中，どんなことに難しさを感じたかと尋ねてみると，最も多かったのは発問の仕方や板書の仕方など授業の進め方で，次いで指導案の書き方など授業準備であったという返答を得た。

　授業は生き物であるといわれる。同じ教師が授業をしても，子どもが違えば授業も変わるし，同じ子どもでも日や時刻などの条件が違えば変わってくるのである。授業は，ここでも確かな児童理解と信頼関係の上に成り立つものであり，子どもとともにつくる共同作品といえるかもしれない。

　しかし，学習指導に関しては，技術的な側面も多く，科学的分析による蓄積がなされてきた。まずは先輩教員の姿や文献から，学習指導のスタンダードといえるものを知ることが重要である。

　ここでは，授業で大切にしたい一般的な3事項を紹介する。

① 授業の組み立て

　1時間の授業は，「導入」「展開」「まとめ」の3段階で組み立てることが多い。「導入」の段階は，学習問題をつかみ，意識化する段階である。学習意欲を喚起し，主体的な学習活動につなげていくようにする。「展開」の段階は，

問題解決に取り組む段階である。主体的・対話的で深い学びの要素を取り入れるようにする。「まとめ」の段階は、本時の学習をまとめ、次時への見通しをもつ段階である。教師も児童も、何が身に付いたかを評価するようにする。

② 板書の工夫

最近では、ICT機器が学習活動に利用されることが多くなり、より効果的な活用に向けての研究も進んでいる。しかし、一過性の提示装置として使われることの多いICT機器に対し、黒板やホワイトボードを使った板書は、本時のめあてから考え方、まとめと、授業の最後に1時間の学習の流れを振り返ることができるという優れた利点がある。板書は、授業構造を図式化したものともいえ、子どもたちのノート指導にも結びつくので、基本的に授業の最後まで消さず、色チョークの利用やレイアウトの工夫など、計画的な利用が大切である。

③ 意図的な机間指導

授業中の子ども一人ひとりの状況を把握したり、個別指導をしたりするために、子どもの机の間を歩いて回る机間指導が利用される。机間指導の意図として、まず1つ目は、子どもたちの学習の進捗や理解度を把握するために行うことにある。2つ目は、授業を計画する段階でつまずきや遅れが懸念される子どもを中心に確認をしながら、必要に応じて個別指導を行うことにある。3つ目は、子どもたちのノートなどから良い意見や考え方をつかんでおき、全体指導に活かすことにある。

授業は確かに難しいが、だからこそおもしろいと感じて取り組んでほしいものである。子どもたちのためによりよい授業をしたいという思いが、教師としての力量を高める糧となるのである。

$$\boxed{4} \quad \text{学習指導案例}$$

学習指導案は、授業の計画書であり、授業者の教育観を土台として構築する授業の設計図である。学習指導案の書式は、各学校の研究対象によって違いはあるが、基本的な内容を含めたものを次に示す。

第7章　小学校教育実習の特質

○○科学習指導案

指導者　○○○○

１．日　時　　（和暦）○○年○月○日（○）第○校時

２．学年・組　第○学年○組（○○名）

３．単元名

４．単元の目標　→　本単元の学習を通して児童につけたい力

５．評価の観点　→　単元の目標に照らし合わせ，本単元の学習を通して児童の
　　　　　　　　　　学習状況を検証するための３つの観点

　(1)　知識及び技能　→　○○を理解しているや○○することができるといった，
　　　　　　　　　　　　知識・技能に関する観点

　(2)　思考力・判断力・表現力等　→　各教科等の特質に応じて育まれる見方や
　　　　　　　　　　　　　　　　　　考え方を用いて考えたり判断したり表現
　　　　　　　　　　　　　　　　　　したりできているかという観点

　(3)　主体的に学習に取り組む態度　→　主体的に知識・技能を身に付けたり，
　　　　　　　　　　　　　　　　　　　試行・判断・表現をしようとしたりし
　　　　　　　　　　　　　　　　　　　ているかという態度に関する観点

６．単元について

　(1)　教材観　→　本単元で扱う教材について，学習指導要領における位置づけ
　　　　　　　　　や教育的価値など

　(2)　児童観　→　学級の児童の学習傾向や本単元の内容に関する関心や理解の
　　　　　　　　　様子など

　(3)　指導観　→　本単元の目標を達成するため，児童の実態を踏まえて取り組
　　　　　　　　　む指導方法や児童につけたい力など

７．単元の指導計画（全○時間）　→　単元全体の指導計画を，１時間ごとに次
　　　　　　　　　　　　　　　　　　のような一覧表で表記

時	学習活動	支援と留意点	評価の視点
	↓	↓	↓
	この１時間における学習活動の内容	主な支援の手立てや留意点	評価の観点を見取る際の児童の姿
1			
2			
⋮			

8．本時の目標　→　この1時間の学習を通して児童につけたい力

　【例】（2位数）×（1位数）のかけ算の解法を考え，10のまとまりの考え方を
　もとに十進位取り記数法に従って計算すればよいことを理解する。

9．本時の展開　→　学習活動を軸に，導入・展開・まとめの3つの段階に分け
　　　　　　　　　て書くのが一般的

	学習活動と予想される児童の反応	支援と留意点	評価の視点
	↓ 本時の展開での学習活動は，内容のまとまりごとに記述 予想される児童の反応は，学習活動に対して児童が示すであろう反応を予想して記述	↓ 必要が予想される児童への支援の手立てと，活動上で留意する点を記述	↓ 評価の観点と評価の手段を記述
導入	【例】1．本時の課題をつかむ ○筆箱の絵を見てどんな式になるのか考えよう。 　・12×4	【例】・鉛筆の箱の絵を示して12本入りの箱が4箱あることを確かめる。	
展開	本時のめあて【例】12×4のかけ算の仕方を考えよう 【例】2．12×4のかけ算の仕方を考える ○12×4のかけ算の仕方を考えよう。 　・12を10と2に分けて考える。 　・12本を絵に描いて考える。	【例】・計算棒を用いて，具体的に操作しながら考えるようにする。	
まとめ			【例】・［技］（2位数)×（1位数）のかけ算をすることができる（ノート）。

10．板書計画

第7章　小学校教育実習の特質

　なお，学習指導案作成にあたっては，教材解釈と指導目標を熟慮の上で，子どもたちの顔を思い浮かべながら学習展開を考えるのが肝要である。

　各学校では，学習指導案をもとにした授業について評価する授業研究会が開かれ，教員の授業力の向上が図られている。授業研究会で自他の授業評価に基づいて授業改善の視点をつかみ，さらなる学習計画を立てていくというPDCA サイクルの取組みが重要となる。

引用文献

中央教育審議会（2015a）「これからの学校教育を担う教員の資質能力の向上について
　　──学び合い，高め合う教員育成コミュニティの構築に向けて（答申）」12月21日。
中央教育審議会（2015b）「チームとしての学校の在り方と今後の改善方策について
　　（答申）」12月21日。

学習の課題

(1)　主体的・対話的で深い学びを具現化した学習活動とはどのような活動が考えられるのか，特定の教科を想定し，構想してみよう。
(2)　1時間の授業を構成する導入・展開・まとめの3段階で，それぞれポイントとなる点をあげてみよう。

【さらに学びたい人のための図書】

齋藤孝（2007）『教育力』岩波書店。
　　⇨著者独自の切り口で，教育に携わる人間に元気を与えるような内容が記されている。
広岡義之編（2012）『教職をめざす人のための教育用語・法規』ミネルヴァ書房。
　　⇨教職を目指す過程で出合う教育用語や法律用語の解説が，網羅的に掲載されている。

（走井徳彦）

第 8 章 中学校教育実習の特質

この章で学ぶこと

　中学校の教員免許取得に必要な教育実習は概ね 3 週間（5 単位）と小学校のそれに比べて大変短い。しかし，短い期間であるといっても中学校での教育実習には固有の難しさがあり，指導教員の立場から見て十分な成果を収めたと評価できる学生は実のところ大変少ない。

　教育実習は，観察・実践（体験）・省察という 3 つの局面が一体となった営みである。本章では，学部における教育実習を実り多いものとするため，今日の中学校の現状を踏まえながら実習前・実習中・実習後に考え，取り組みたい点についてできるだけ具体的に述べてみたい。

1　教育実習の前に考えておきたいこと

（1）「教職の専門性」という視点から教育実習の意味を考える

　教職課程を履修している学生の多くは，教員免許を取得し「教師」になることを目標としている。では，世にある様々な職業の中で「教師」という仕事の際だった特徴（専門性）とは何なのだろうか。少し遠回りになるが，教育実習に入る前に，教壇に立って「教師」として振る舞うことの意味を考えてみたい。

　第一に，教師という仕事は「対人支援専門職」であると説明される。これは，「物」や「情報」を生産・売買することとは異なり，もっぱら「人」を相手とし，その人の成長を助けることが仕事の本質であることを意味している。

　第二に，教師は「反省的実践家」であると説明される。この定義には 2 つの意味が含まれている。その一つは，教員は教育を「研究する者」ではなく，教育を「実践する者」であるという意味，そしてもう一つは，教師は自己の実践を常に反省（省察＝振り返り）することを通じて成長するという意味である。

第三には，教師は児童生徒の「成長モデル」であるべき存在だとされる。古くは「教師＝聖職者」論として主張されたこともあったが，現代でも姿を変えて教師を子どもたちが見習うべき手本として捉える考えとして存続している。それゆえ，教員は単なる教「員」ではなく教「師」であり，「先生」と呼ばれるのである（図8-1）。

図8-1　教職の3つの側面

　教師を目指す者は，教職のこれら3つの側面に十分自覚的でありたい。実習校に赴く際には，誰でも生徒から「よき教師」と認められたいという願いをもっていると思うが，学生という指導される立場から教師という指導する立場に立ち位置を変えようとする際には，先にあげた教職の3つの側面を具体化しながら実習に取り組むことが求められる。たとえば次のような点には自覚的でありたい。

① 授業をはじめとして生徒を「指導」する際には，単に知識を伝えるだけではなく，生徒の学びを引き出し，支援し，評価する態度で臨むこと
② 自己の実践について，他の実習生，指導教員等の意見や評価を謙虚に聴き取り，それらをもとに自己省察を深め改善を図る姿勢をもつこと
③ 誠実さ，謙虚さ，積極性等「望ましい社会人」としての姿をアピールし，不十分な点については積極的に自己変革を図ること

　教育実習といえば，学習指導案を作成し，上手に授業をやることと考えがちであるが，実は教育実習とは，学校というリアルな場で生徒や教員と様々に関わり合う中で自己の特性を知り，教師への自己変革を図るための機会である。実習前に十分な準備をし，現場の実態から意欲的に学ぼうとする姿勢が強ければ強いほど，実習の中で自己の課題が明らかになってくる。

（2）教育実習で学びたいこと——学校教育全体を眺め・考える

　教育実習に入る前に，実習校の「学校要覧」を入手して熟読しておきたい。

図8-2　実習校の教育を立体的に捉える

　要覧には「学校教育目標」や「指導の重点」などその学校が目指している教育の姿が記載されているはずである。実習においては、それらを念頭に置いて教師が実際にどのような実践を行い、行動しているのかをしっかりと観察したい。なぜこのような言葉遣いをしているのか、なぜこのような指導に重点を置いているのかなど、実習校の教師に共通して見られる行動のパターンを知ることで、学校教育がその学校の置かれている地域・保護者・生徒の実態を踏まえて行われていることが理解できるようになる。図8-2は、学校の「目標」「実践」「実態」の関係を示したものである。学校教育目標や個々の教育実践は目に見えやすいが、根底にある地域・家庭・生徒の実態を把握することは簡単ではない。しかし実習を通じてこのレベルまで考察を深めることによって、学校や教師が置かれている状況や教師の責務について初めて「立体的」に考察することが可能になると考える。実習終了後には、実習校の教育について自分の言葉で説明することができるレベルの考察を期待したい。

2　実習の中で考察したいこと——中学校教師の多様な職務を知る

　この節では、中学校教師の仕事の内容から、中学校教育の特質と課題を整理しておきたい。これらを手引きとして、実習中の考察を深めてほしい。

(1) 中学校教師の多様な仕事
　中学校教師の仕事は、図8-3に示すように、大きく分けて4種類ある。
① 　中学校は小学校と異なり「教科担任制」を採っている。つまり、週当たりの「持ち時間数（担当授業時数）」が決められており、複数の学級・学年に

またがって専門とする教科の指導にあたる。持ち時間数は、学級担任であれば概ね15～18時間程度（中規模校）であるので、毎日数時間は「余裕時間（授業のない時間）」があり、教材研究や学級事務

教師の仕事 ｛ ① 教科の指導
② 学級担任としての仕事
③ 校務分掌上の仕事
④ 部活指導

図8-3 中学校教師の主な仕事

等に充てることができる。ただし、後でも述べるように時間割内に校務分掌に関する会議が組み込まれている学校が多いので、個人として自由に使える時間はそれほど多くないのが実情である。

② 中学校では大部分の教師が学級担任をつとめる。ここが同じ教科担任制をとる高等学校との違いである。担任は各「学年団」に所属するが、中学校の教育活動の大半はこの学年団を中心に組織・運営されている。担任は自分の学級におけるほぼすべての活動に責任をもつが、その内容は、学級活動、生徒指導、教育相談、保護者対応、進路指導、道徳の時間の指導など多岐にわたる。これらの活動を学年団全体の動きと調整しつつ、確実に進めなければならない。

③ 「校務分掌」とは、学校運営に必要な仕事の内容を各教員に分担・担当させることである。中学校の教師は、教科、学級担任という仕事のほかに何らかの校務分掌を担当することになる。図8-4は一般的な中学校の校務分掌図であり、どの学校でも「学校要覧」には必ず記載されているので、実習の前にはよく見ておきたい。各分掌の活動には学年を代表して参加することになるので、各分掌と学年の橋渡し的な役割を果たすことが期待されている。なお、規模の小さい学校では複数の校務分掌を担当せねばならない場合もあり、この校務分掌の負担はきわめて大きい。

④ 部活動は教育課程外の活動であるが、学校教育の一環として行われる生徒の自主的な集団活動として位置づけられている。そのため、校務分掌内には位置づけられてはいないものの、実態としては全教員が分担して（「部活顧問」という位置づけで）指導にあたっている。教育課程外の活動であるので、通常放課後、休日、長期休業中などが活動の時間であり、そのため

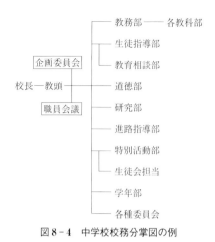
図8-4 中学校校務分掌図の例

中学校教師の「多忙化」の最大の原因とされており、実際にも負担感が大きい。

以上みてきたように、中学校教師は主たる業務である授業以外にも相当量の校務をこなしており、また実際にどの仕事も重要なものなのである。小学校と異なり教科指導における専門性が重視される中学校教師が、それぞれ自己の指導力を磨くために、どのような努力や工夫をしているのかについても実習中によく観察しておきたい。

（2）中学生と関わることの難しさ

　教育実習では、専門教科の授業のほかに学級活動（朝および帰りの短学活を含む）や道徳の指導、さらには放課後の部活動の指導を任されることが多い。その際実習生が直面するのは、場面に応じて変化する生徒の表情や態度への対応の難しさである。

　実際、生徒は授業のときにみせる顔以外にいくつもの顔をもっている。授業を含め生徒への指導において重要なことは、生徒と適切なコミュニケーションをとることであるといわれるが、適切なコミュニケーションの前提は「生徒理解」にある。とりわけ思春期に入った中学生の心理に敏感でなければ、生徒の心をつかむことは難しい。この時期の子どもの特徴は一口でいうと《感情と行動におけるアンビバレンツ》である。先ほどまで快活に話していたのに、急に無口になる。本心では感謝しているのに、大人に対し拒否的な態度をとるなど、内心と表現が矛盾して現れてくる。このような矛盾に本人も気づいているのだが、その点を不用意に指摘するとさらに拒否的になる。すべてアイデンティティの確立がいまだ十分ではないことの現れである。この点は、実習生が生徒

に接する際に混乱をもたらす最大の要因である。教師としての威厳を示そうとして厳しく叱れば完全に拒否される。逆に，年齢も近いので不用意に親しく振る舞おうとすると，教師としての立場が危うくなる。いずれも教育実習後の感想によくみられる戸惑いである。試行錯誤しながら教師としての適切なコミュニケーションのとり方を学ぶのも教育実習における一つの重要な課題である。

（3）特別な支援を必要とする生徒との関係

　統計的には，小中学校の通常学級在籍者のうち6.5％の児童生徒が学習障害（LD），注意欠陥・多動性障害（ADHD），高機能自閉症等何らかの発達障害をもっているとされる（文部科学省調査（2012）「通常の学級に在籍する発達障害の可能性のある特別な教育的支援を必要とする児童生徒に関する調査結果について」12月5日）。1クラス平均2～3人という高率である。発達障害は，その障害に即した適切な指導や支援を行うことで健常者と同様な生活を行うことが可能である。

　障害が軽度の場合には，特別な援助を必要とする教科の授業を特別支援学級で受ける「通級指導」を行っている学校が多い。とくに，教科の内容が高度化し抽象的思考が求められる中学校段階の学習にあっては，障害の特性を踏まえた専門的な指導が効果的であるからである。その場合には他教科や道徳の授業，特別活動等は，在籍する普通学級で行うことが多い。その際学級担任には，障害のある生徒が他の生徒と協調しながら学習・活動できる配慮や環境づくり，適切な個別指導が求められる。実習生が指導するにあたっても同様な配慮が必要となるので，担当する学級の担任から障害のある生徒についての情報やどのようなことに配慮すべきかをあらかじめ聴き取っておくようにしたい。

　また，実習生が行う授業は，どうしても一方的に情報を伝える一斉指導の形態に傾きがちなので，生徒の反応や理解を確かめながら授業を進めていくよう常に心がけたい。可能ならば，許可を得て特別支援学級の授業の様子を見学することも有益である。個々の生徒への配慮が，すべての教育の基本になるということが納得できるのではないかと思われる。

3 　実際的な指導にあたって——実践における3つのポイント

　この節では，教育実習を有意義なものとするための条件を，主として「人間関係づくり」と「授業づくり」の2つの側面から考えてみたい。

（1）教職員との関係づくりをどのように行うか

　教育実習の成否は，ひとえに実習校の教職員との信頼関係を築けるか否かにかかっているといっても過言ではない。信頼を得られない場合には，授業や諸活動への関わりも最小限に制限され，学びの機会が少なくなるとともに成績評価も厳しくなることを覚悟せねばならない。たとえ学生にとっては短期間の実習や些細な失敗であっても，生徒にとっては取り返しのつかない経験となることがあり，場合によってはその後の指導にも甚大な影響を及ぼすものであるということを心得ておく必要がある。

　教職員の信頼を得ることは，それほど難しいことではない。要は学生気分を捨て，「社会人としての礼儀，常識」を踏まえることである。とくに，次の3点は実習中の行動の指針として常に留意しておきたい。

① 　適度な礼儀とTPOを踏まえた行動

　朝と退勤時の挨拶は確実に行うこと。指導教員や同僚教師，学校で働く様々な職種の方々（事務職員，技術職員，スクール・カウンセラー（SC），スクール・ソーシャルワーカー（SSW）など）の名前をできるだけ早く覚え，「○○先生」「○○さん」と呼ぶこと。指導教員等に相談がある場合には前もってアポイントをとり，自己都合だけで動かないこと。

② 　「報告・連絡・相談（報・連・相）」の徹底と隠し事をしない

　自分なりに考え行動する姿勢は実習生として望ましいが，計画を立てて実行に移す前にはまずは指導教員に相談する。疑問や困難が生じた場合には相談して指示を仰ぐこと。自分にとって不都合なことであればこそ，事態が悪化する前に包み隠さず相談するようにしたい。個別の内容を超え，学校全体に関わり

そうなケースについては，教頭先生に直接相談する。どのような場合に誰に相談するのがよいか判断すること自体が，実習生の感性・社会的判断力を測る基準となる。

③　期限・約束は確実に守る

　忙しい職場では，時間を切って仕事をすることが求められる。提出物等についても自己都合で考えず，期限を守って提出するのが原則である。逆に，実習に関わりのない個人的な依頼やできないことを安易に引き受けないこと。また，放課後遅くまで残って，指導教員に負担をかけることは極力避けたい。

（2）生徒との関わり方を考えよう

　生徒と適切な人間関係を築くことができれば，実習は楽しく，実り多いものとなる。注意深く観察すればわかるように，生徒に影響力がある教師は生徒とのコミュニケーションのとり方が大変上手い。適切なコミュニケーションとは，次のような配慮をベースとした関わり方である。

①　生徒のいい分を肯定的に受け止める姿勢，まずは耳を傾ける姿勢

②　生徒の感情（喜怒哀楽）に寄り添い，受容・共感する姿勢

③　叱る場合には，その「行為」自体の是非を問題とし，生徒の「人格」を非
　　難することは避ける

　関わりが深まるにつれて，生徒はこの教師が信頼できるか否かを確かめるために，様々なアクションをかけてくることがある。「担任の先生に内緒にしておいてくれれば話をする」「学校では話しにくいので，後でメールするから先生のメールアドレスを教えて」等，安易に了承するとトラブルとなり，かえって信頼を損ねる結果になる場合もままある。実習中は生徒とは適切な距離を保ち，とくに学校外での個人的な関わりは極力避けるべきである。

（3）授業づくりと「振り返り」の手順を知ろう

　教職大学院に比べ，学部における実習は期間が大変短いので，その内容はどうしても授業（教科指導）が中心となる。すでに教職課程で専門教科の模擬授

業を何度か行ったことと思うが，その際には同じ学生が生徒役となって行うので，実際の授業の難しさは実感しにくい。ここでは実際に教壇に立った経験がないことを前提にして，3週間という短い期間で計画的に授業づくりを行う道筋を時系列で述べてみる。

① 授業参観（観察）

実習の前半は指導教員について教室に入り，教員の授業を参観することになる。この際，教室の後ろで漫然と授業を見ているだけでは意味がない。実習の後半では同じクラスで自分が授業をすることになると考え，次に述べるような視点をしっかりともって指導教員の授業を参観するようにしたい。

○授業構成や授業の進め方に注目して観察する

本時の目標を達成するために，導入→展開→まとめ（終末）がどのように組み立てられ，時間の配分はどうなっているか。

○説明，発問における生徒との「やりとり」に注目して観察する

生徒の理解のレベルに合った表現の仕方や，考察を深めるための問いかけの仕方など「生徒との対話」がどのように行われているか。

○生徒に対する個別の指導の仕方を観察する

全体に対する働きかけだけでなく，生徒の理解度や作業の進度などの違いに応じて，どのような個別の支援が行われているのか。

なお，生徒の反応を考察するためには，教室の後ろから見ているだけでは十分とはいえない。あらかじめ担当教員の了承を得た上で，教室内を巡回しながら様々な角度から生徒たちの様子を観察したい。もし可能ならば，同じ教科を担当している他の教師，自分の担当しているクラスへ入っている他教科のベテラン教師の授業もぜひ参観したい。教師の教え方の違いや教科による生徒の反応の違いなども見えてきて，大変有意義な参観となる。

② 授業づくりのポイント

実習期間も半ばになると，指導教員と相談して授業実習の準備に取りかかることになる。学校によって多少異なるが，概ね最後の週に小単元程度（4〜5時間）の授業を行うのが一般的である。学習指導案の作成や記入方法について

は，第4章で詳しく述べられているので，ここでは指導教員とのやりとりを中心に効率的に授業実習を行う方法について述べてみたい。

○効率的に学習指導案を作成するための手順

　学習指導案の様式は，基本は同じであっても学校によって（また，指導者によって）指定される様式に違いがある。大学の教科教育で指導を受けた様式と異なっていたとしても，基本的には指導教員が指定する様式で作成する必要がある。その際いきなり指定の様式で作成して指導教員に見せたとしても，詳細に組み立てられた指導案を修正するのは容易ではない。実際に，小単元数時間分の学習指導案を細案形式で作成して一括して提出したところ，授業全体のコンセプトから考え直すよう指導され，再度一から作成し直すことになったケースもある。非常に効率が悪いし，双方にとって気まずい思いをすることにもなる。

　これを回避する方法は，指導案を作成する前に授業構想の素描（ラフ・スケッチ）を作成し，これをもとに指導教員からの指導を受けることである。実習生は，各時間の学習指導案作成に着手する前に図8−5に示す[1]〜[4]の各段階についての素描を指導教員に提示した上で助言を求める。次に，助言に基づいて修正したものを学習指導案の様式に落とし込む。このような手順を踏めば，指導教員も実習生が考えている授業の全体構想が理解しやすくなるし，実習生の側も必要な部分に修正を加えるだけで効率的に学習指導案の作成ができる。

○時間ごとの授業の「振り返り」の大切さ

　小学校と違って，中学校では同じ学習指導案に基づいた授業を異なるクラスで複数回行うことができる。これは授業改善を図る上で大変大きなメリットである。ある程度経験を積んだ教師でも，最初の授業で満足できる結果を得ることは稀である。時間配分が上手くいかなかったり，発問に対して期待したような反応が得られなかったりすることはよくある。その際重要なことは，なぜそうなったかについてしっかりと振り返り（省察）を行うことである。指導教員や授業参観者からコメントをもらい，自分では気づかなかった点を含めて省察を深めたい。また，実習生同士で相互に授業を参観し，意見を交流することも

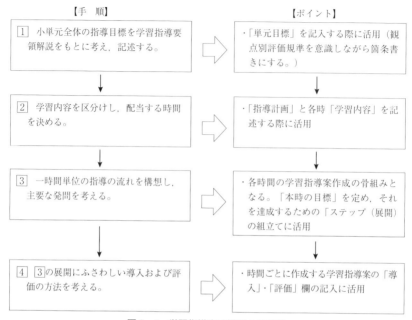

図8-5 学習指導案を構想する手順

有益である。

　次の授業まで時間があまりない場合には最低限度の修正（発問の仕方を変えるなど）に止め，翌日まで余裕がある場合などについては修正案を考え，指導教員に意見を求めるなど改善を図りたい。授業実習においては，このように不断に指導を修正しながら，そのクラスの生徒の実態に応じた指導法を会得していくことが何よりも大切である。即時かつ臨機応変に対応できることこそが教師にとって必須の「センス」なのである。

○「研究授業」のもち方

　授業実習の最後のまとめとして，校長先生をはじめ多くの先生方（大学の指導教官も含め）に授業を見てもらい，講評をいただく「研究授業」を設定する学校が多い。研究授業は単に授業を公開するということではなく，その後の反省会で様々な立場や視点から授業を分析し評価してもらうためのものであるので，実習生同士も時間をやりくりして参観できるようにし，相互に研修を深め

たい。

研究授業の進め方については，概ね次のような手順で行う。

① 学習指導案：遅くとも前日までには完成させ，指導教員の点検を受けてから印刷する（実習者と指導教員の署名・押印が必要）。最初に校長先生に提出し，その後全教員と実習生に配布する。

② 教室の整備：該当クラスの生徒には研究授業の予定を知らせておく。当日は多人数が教室へ入るので教室後方に参加者のスペースを設け，可能ならば椅子を何脚か配置しておく。当日配布する資料等があれば，入口に置いておく。これらの作業は，実習生同士で協力し効率的に行いたい。

なお，事後の振り返りのために，他の実習生に依頼して授業をビデオ撮りしておくことを勧めたい。自分で自分の授業の様子を見ることは，振り返りを行う際に非常に効果的である。

③ 反省会（事後研）：放課後等の時間に，授業を振り返る会（反省会）がもたれることが多い。参観者からのコメント・評価をいただく前に，まず実習生が参観に対してのお礼を述べ，自己評価を行う。自己評価の内容は，次の項目を参考に事前にまとめておき，簡略に行いたい。

1) 「本時のねらい」はどの程度達成できたか。

2) 達成が不十分であったとすれば，その原因は何か。

3) 指導中に戸惑ったことは何か。

4) アドバイスしていただきたいことは何か。

4　実習後の自己省察——教職への道の再検討

この節では，教職を目指すにあたって実習を終えた後に考えるべきことについて述べる。したがって，これから述べることについては教育実習を終えた後に改めて読み直してほしい。

学校現場での教育実習を終えたいま，大方の学生諸君は教師という仕事が「子どもが好き」「教えるのが好き」といった動機だけでは勤まらない職業であ

るということを身をもって理解できたのではないかと思う。「授業をさせても
らって勉強になった」とか，「子どもたちとのふれ合いが楽しかった」という
感想のレベルを超えて，教師となるために現在の自分自身には何が不足してい
るのか，その不足する点を補うためにはこれからどのような努力が必要とされ
るのか。そして，実際に学校現場を体験してみて，自分は果たして教師という
職業に向いているのかなど，将来を決めるにあたって改めて根源的に自分に問
いただしてほしい。

　大学においては，教職課程の最後のまとめとして，４年生後期（短期大学で
は２年生後期）に「教職実践演習」を履修することになっている。この科目が
設けられた趣旨は，「将来，教員になる上で，自己にとって何が課題であるの
かを自覚し，必要に応じて不足している知識や技術等を補い，その定着を図る
ことにより，教職生活がより円滑にスタートできるようになること」とされて
いるが，４年生の前半にはすでに各地の教員採用試験が行われており，後期に
なってから改めて自己の適性や能力を振り返っているのでは職業選択を考える
機会としては遅きに失する。教育実習を終えた時点で（最終学年としての４年次
を迎える前に），本当に教師を目指すのか，目指すとしたら今後どのような学び
が求められるのか，そのためにはどのような方法が考えられるのかについて深
く考え，決断する必要がある。

　以下，自己省察と進路選択にあたって参考となる事柄について述べてみたい。
① 「よい授業」を目指すために

　専門分野の知識を豊富にもっていても，授業が上手くいくとは限らない。な
ぜならば，「よい授業」を行うためには，単なる専門的知識にとどまらない
「授業を想定した教科内容知」と呼ばれる特殊な知識が必要になるからである。
授業においては，生徒の認知特性を理解した上で，どのような知識（情報）を
どのような手順で提示し，どのような発問をして学びを引き出すのかといった
「臨床の知」が必要とされる。教育系の大学・学部で学ぶ学生は，教科指導に
ついて体系的・専門的に学ぶことができるが，教職課程をオプションで履修し
ている一般の学部生は，「学習科学」と総称されるこの分野についても深く学

んでおく必要がある。

② 「生徒との信頼関係」を築くために

　前の節でも述べたが，授業を含め広い意味での「指導」（生徒への働きかけ）のベースには適切なコミュニケーションを通した信頼関係の醸成が不可欠である。そのためには，中・高校生という成長期に起こりがちな様々な問題行動への深い理解と生徒指導・教育相談に関するスキルの学習が不可欠となる。発達心理学的な一般的な知見については，学部段階でも学ぶ機会があるが，家庭問題や発達障害が絡む複雑なケースについては「事例研究（ケース・スタディ）」を通じての学びが不可欠である。しかし，学部の教職課程では十分な学習の機会が与えられていないのが実情である。生徒との関わりは，教師として学校に赴任した日から待ったなしに始まるので，この分野の能力にはある程度の自信をもっておく必要がある。

③ 「組織としての学校」の一員となるために

　これからの学校は，教員のほかに様々な職種のスタッフが協働して運営される組織となっていく。従来からの養護教諭，事務職員，学校技術職員に加え，SC，SSW，部活動指導員，教員事務支援員等がそれぞれの専門性を発揮しながら，一緒に学校の運営にあたることになる。したがって，これまでのように「教師の都合」だけで対応を判断するのではなく，互いの職務を理解しつつそれぞれの専門性が最大限に発揮できるよう考え，行動せねばならない。個々の教師が「学校マネジメント」という観点から学校という「組織」の運営を考える時代に入っているのである。「一人の教師として頑張る」という狭い視点ではなく，学校運営という観点から自分の実践を捉えなおす鳥瞰的な知識・視野も必要とされる。

　それでは，上記の①〜③にあげたような力量を獲得するためにはどのような具体的方法があるのだろうか。一つの方法は，「学校ボランティア」として学校に入り，臨床的な経験を積むことである。4年生時に時間の余裕をつくって決まった曜日に学校へ行き，実際に活動しながら教師の言動を観察し，教師の「ハビトゥス（振る舞い）」に慣れることは自信につながる。そのために，教職

をはじめ卒業に必要な科目単位の大半を計画的に3年生までに取得しておくようにしたい。

　他の方法としては，教職大学院の活用がある。2017年現在，わが国には53の教職大学院があり，現職の教員だけではなく学部卒業生を対象として学校現場で役立つ高度な実践的指導力をもった教員養成を目指している。教員採用試験の合格者が教職大学院に進学する場合，在学中の採用猶予期間を設けている教育委員会も増えてきているので，教育についての専門的知見を深め自信を得るためにも効果的な方法といえる。

　最後に，現場での教育実習の経験から教師としての適性に自信がもてなくなった人も少なからずいると思われる。大学の指導教官（できれば複数）に率直に自分の迷いを述べた上で，進路選択のアドバイスを受けるよう勧める。自分の姿を他者の目をとおして客観的に見つめ直した上で，最終的な進路は自らの意思で決定したいものである。

学習の課題

⑴　実習に行く前に，実習先の「学校要覧」を入手する。数人のグループをつくり，行き先の学校について相互に質問し合い，各自が「学校要覧」を手引きとして答えてみよう（学校理解のためのグループワーク）。

⑵　学習障害（LD），注意欠陥・多動性障害（ADHD），アスペルガー症候群（AS）等，特別な支援を要する生徒への支援方法に関する事例や文献を最低一つは読んでおこう。

【さらに学びたい人のための図書】

松本徳重（2009）『教師のための早わかり教師の常識ハンドブック——教師の常識がすぐわかる』民衆社。

　　⇨学校で行われている様々な活動の意味，教師として行動する際に心得ておくべきことなどを初心者向けに簡潔にまとめている。実習中に疑問に思ったときに開いてみたい文庫本。

宮崎猛・小泉博明編（2015）『教育実習完璧ガイド』小学館。

　　⇨図やイラストを多く採り入れ，通読すれば教育実習全体の流れがわかるように

なっている。手っ取り早く実習のノウ・ハウを知りたい人には便利。

石原加受子（2016）『先生に向いていないかもしれないと思ったときに読む本』小学館。

⇨若手の教員向きの内容ではあるが，実習を終えて自分の「適性」について考える際，視野を広げるために役に立つ。著者は心理カウンセラー。

（小松　茂）

第9章 高等学校教育実習の特質

この章で学ぶこと

高等学校は義務教育ではないといっても，現在の日本における高等学校進学率は文部科学省の発表によれば97%を超えている。そのため「生徒の能力・適性，興味・関心，進路等の多様化に対応した特色ある学校づくり」（文部科学省ホームページより）が求められている。教育実習を行う際には，実習先の特色をよく知った上で準備にあたらなければならない。この章では現在の高等学校教育の特質を理解し，高等学校の指導の実際を知るための方法等を学ぶ。

1　高等学校教育における法令

教員とは教育基本法や学校教育法等で定められた職であり，国立や公立の教員は教育公務員特例法により定められた教育公務員となる。

日本の学校の教員になるためには教育職員免許状が必要であり，免許状は，普通免許状，特例特別免許状，臨時免許状がある。普通免許状は専修免許状および一種免許状に区分され，幼稚園・小学校・中学校・高等学校・特別支援学校の学校種ごとに分かれていることは，すでに学んできたとおりである。高等学校の免許状はさらに以下の教科別に分かれている。

国語，地理歴史，公民，数学，理科，音楽，美術，工芸，書道，保健体育，保健，看護，看護実習，家庭，家庭実習，情報，情報実習，農業，農業実習，工業，工業実習，商業，商業実習，水産，水産実習，福祉，福祉実習，商船，商船実習，職業指導，外国語（英語，ドイツ語，フランス語その他の外国語等）および宗教

第9章　高等学校教育実習の特質

一種免許状を取得するためには，教科に関する科目，教職に関する科目，教科または教職に関する科目，教育職員免許法施行規則第66条の6に定める科目を合わせて修得することが必要となる。その中で教育実習は3単位が必要となっている。

2　高等学校教育の特質

高等学校の授業は教科をさらに細分化した科目別に行われる。たとえば，「国語」は「現代文」や「古典」などに，「地理歴史」は「日本史」や「世界史」「地理」などに分かれて授業が実施される。したがって高等学校の教員には，教科という括りだけでは収まらない細分化された深い知識なども含めた高い専門性が要求されるのである。

現在，高等学校は課程別には，全日制・定時制・通信制があり，学科別には普通科・総合学科・専門学科等が置かれている。また専門高校（工業高等学校，商業高等学校等の職業高等学校や国際・科学高等学校）もある。大きくは高等学校学習指導要領に則った教育活動がなされているが，それぞれの学校に独自の課題が存在し，学校目標も様々である。

私立高等学校には「建学の精神」があり，個性的な教育を行っているところが多いが，近年，公立高等学校においても，特色づくりが推進され，学校独自の様々な取組みがなされている。したがって，高等学校教育とは何かということを一括りで説明することは難しい。しかし，どのようなタイプの高等学校であっても，当然のこととしてそれぞれの教科・科目の専門性が要求される。

小学校や中学校などの義務教育と異なり，高等学校は本来自らの意思で進学を希望し，進学希望先を決めて入学試験を受けなければならない。残念ながらすべての生徒が希望を実現させて進学をしているとはいえない現実の中で，様々な課題を抱えた生徒たちへの対応が要求される。仮に，小学校や中学校からの学びなおしが必要な生徒たちであった場合，指導者としては，高等学校の

125

教科内容をしっかり意識して，高校生としての自尊心を尊重しながらどのような方法で学びなおしをさせるのが効果的であるのかを考えなければならない。

　また，高等学校では，学習面においては進級や卒業認定に関わる履修・修得の問題がある。さらに生活指導面においては停学や退学などの懲戒という事案も発生することがあるため，教育実習中は，その重い責務を自覚しながら指導教員への報告・連絡・相談を怠らないようにする必要がある。

3　高等学校での指導の実際

　高等学校には，様々な課程や学科・専門高校などが存在し，それぞれの学校独自の目標を設定している。自分の実習先がどのような学校目標を設定して教育を行っているのかを，事前に調べて準備しておく必要がある。学校ごとに独自の「学校経営計画」「学校教育計画」「教育課程」などが作成されており，それぞれの学校のホームページでも公開されているので，ホームページを読むだけでなく，必ず印刷して保存しておくことを勧める。

　教育実習において，教科指導は最も重視しなければならないものである。なぜならば，生徒が学校で過ごす大半の時間が授業時間であるのだから，その時間が生徒にとって無駄で退屈なものとなってしまえば，大きな損失を与えることになる。底の浅い内容の乏しい授業など，教育実習生だからという理由で許されるものではない。さらに注意しておきたいことは，高等学校の授業は科目別に行われるため，あなたが大学で専攻している学問内容と完全には一致しない科目ももたなければならない場合があるということである。たとえば，あなたが文学部国文学科の学生で現代文学を専攻していたとしても，現代文のほかに古文や漢文の授業も担当しなければならないということになる。古文は苦手なので現代文の授業実習だけをさせてほしいなどというわがままは通用しない。まして，多少の間違いは後で指導教員がやり直しの授業を行って訂正し，不足しているところは補ってくれるだろうなどという甘えた考えは絶対に許されない。高度な専門的内容となるよう教材研究をしっかり行い，綿密な学習指導案

を作成した上で指導教員の指導を仰いでほしい。

【学校教育計画について】

　いくつかの公立高等学校が公表している学校教育計画の目次から，ある程度共通している項目をあげてみると以下のようになる。

① 　目指す学校像

② 　学習指導の方針

③ 　道徳教育および生徒指導の重点

④ 　進路指導の方針

⑤ 　特別活動の方針

⑥ 　人権尊重の教育の方針

⑦ 　健康管理と指導の方針

⑧ 　教員の研修計画

⑨ 　行事予定表

⑩ 　教育課程

　これらの項目の一つひとつをしっかり理解して教育実習に取り組んでほしい。以下に，それぞれ新高等学校学習指導要領に記載してある内容を踏まえて，実習生に求められる姿勢をまとめてみる。

① 　目指す学校像について

　実習先の高等学校は，どのような学校づくりを目指しているのかをしっかり理解しておくこと。実習生といえども，実習中はその学校が目指すところに従ってすべての行動をなす必要がある。

② 　学習指導の方針について

　高等学校においては，教科がさらに細分化された科目別に授業が実施される。その科目別の指導方針が簡潔にまとめられていることが多いので，学習指導案を作成する際には，教科・科目の指導教員に具体的な相談をすることが大切である。高等学校では「履修・修得単位数」が不足すると進級できなくなる場合があるので，生徒にとって不利益にならないような授業を行わなければならないことを肝に銘じておくべきである。実習生はその教科・科目の年間指導計画

の中にある一定範囲の教科指導を担当させてもらうわけであるから，生半可な姿勢で授業に臨むことがあってはならない。しっかりとした教材分析を行い，学習指導案を練った上で，指導教員に助言をしてもらうという姿勢を忘れないようにする。板書計画については，生徒が理解しやすいよう工夫をしておくべきである。また，生徒を惹きつける話法も身に付けておくことが大切である。

③ 道徳教育および生徒指導の重点について

　社会の形成者としての自覚や忍耐力・責任感を養い，公共のマナーやルールを守るなどの規範意識を身に付けさせるために行われているそれぞれの高等学校の課題設定と取組み内容を理解し，実習生も自覚をもって行動しなければならない。とくに，生徒指導において，高等学校では謹慎などの特別指導を実施する場合があるので，実習生の勝手な判断による生徒対応は厳に避けなければならない。

④ 進路指導の方針について

　義務教育とは異なり，高等学校においては，進学指導・就職指導など学校別に重点の置き方が大きく異なる場合があるので，指導教員の指導を仰ぎながら，かつ実習生として貢献できるところを探りながら実習を行わなければならない。生徒から大学進学に関するアドバイスを求められた場合でも，大学生としての単純な先輩意識で無責任なアドバイスを行わないように留意すること。

⑤ 特別活動の方針について

○ホームルーム活動

　新高等学校学習指導要領には，ホームルーム活動の内容として「ホームルームや学校における生活づくりへの参画」「日常の生活や学習への適応と自己の成長及び健康安全」「一人一人のキャリア形成と自己実現」が示されている。

　高校生は，義務教育期間をとおして身に付けた活動能力を生かして，主体的に取り組むことができるようになっている。善意からであっても「指導しよう」という姿勢が強すぎると，反発されることがあるので留意しよう。指導教員が担任をしている学級のロングホームルーム活動で実習をさせてもらえる場合は，学級の様子や学級経営方針等の情報を与えてもらえる機会が多いが，他

第9章　高等学校教育実習の特質

の学級のロングホームルーム活動で実習をすることになった場合，かなり努力してその学級の担任とコミュニケーションをとるようにしなければならない。自分から積極的に学級担任に働きかけるようにしよう。

○生徒会活動

　新高等学校学習指導要領には，特別活動の目標に掲げている「資質・能力」を育成するために「学校の全生徒をもって組織する生徒会において」「学校生活の充実と向上を図るための諸問題の解決に向けて，計画を立て役割を分担し，協力して運営することに自主的，実践的に取り組む」と記されている。

　教育実習中に，生徒会活動にまで関わるよう指導されることはほとんどないと思われるが，生徒会誌に載せるということで生徒会役員が実習生にインタビューを申し込む学校もある。実習中であるということを忘れず，節度を守った受け答えを心がけるようにすること。

○学校行事

　学校行事には，入学式や始業式等の「儀式的行事」，文化祭や芸術祭などの「文化的行事」，防災避難訓練や体育大会などの「健康安全・体育的行事」，修学旅行などの「旅行・集団宿泊的行事」，就業体験やボランティア活動などの「勤労生産・奉仕的行事」などがある。

　教育実習の受入れを6月頃に設定している高等学校が多いことを考えると，体育大会や球技大会に関わらせてもらえる場合がある。その際には，安全管理に関してしっかり学んだ上で取り組むように心がけること。

⑥　人権尊重の教育の方針について

　それぞれの高等学校が，文部科学省の「人権擁護推進審議会答申」等に基づき，教職員自らが人権尊重の精神を身に付け，すべての教育活動を通じて，違いを認め合い，自他の存在を尊重する生徒を育成するための取組みを行っている。当然のこととして，教育実習生もしっかりとした人権感覚を身に付けてすべての実習活動に臨まなければならない。授業中の不用意な発言等で生徒を傷つけることのないよう細心の注意を払って授業を行ってほしい。非常に残念なことであるが，しばしば実習生の軽率な言動により，学校現場に多大な迷惑を

129

かけてしまう事例が発生している。教育実習に臨む前に，いま一度自分の人権感覚を振り返っておくようにしよう。

⑦　健康管理と指導の方針について

　すべての高等学校が「学校保健計画」および「学校安全計画」を作成しているので，内容を確認しておくこと。とくに，非常災害対策や教育活動中の事故防止対策等に関しては指導教員だけでなく，管理職からも指導を受けるようにしたほうがよい。万が一授業中に地震等の災害が発生した場合は，教育実習生であっても生徒の生命を守る責任があるのだから，真剣な気持ちで事前学習をしておくこと。

⑧　教員の研修計画について

　教員の研修についての記述だから，実習生には関係がないなどと思わないこと。実際の高等学校において，どのような課題に喫緊に取り組まなければならないものとして考えているのかがわかる，実習生にとっても生きた学習教材となる。中途退学の防止，心の教育の充実，体罰の防止，個人情報の保護，管理およびセクシュアル・ハラスメントの防止等が取り上げられている学校が多いはずである。教育実習を終えてから実際に教師として現場に立つまでの間に，学びを深めておいてほしい課題である。

⑨　行事予定表について

　実習先の高等学校の1年間の行事予定を確認しておけば，教育実習期間が学校現場の教職員や生徒たちにどのような影響を与えるものなのかが，客観的に認識できるはずである。責任の重さを痛感してほしい。

⑩　教育課程について

　教育実習において最も重要な授業を行うために，絶対に確認しておかなければならないものである。学校教育計画をホームページに公開していない学校でも，教育課程表は必ず載せているはずである。

第9章　高等学校教育実習の特質

〔4〕 学習指導案例

　学習指導案には決まった型は存在しないため，大学が作成した実習簿にある様式や指導教員から与えられた様式など様々なものが存在する。以下に基本的な様式を示しておく。

　　　　　　　　立　　　　　高等学校　　課程　　科

　科目名　　　　　　　　　　　　（単位数　　）学習指導案

　　　　　　　　指導者　教諭

1．授業者　　　　　　　　大学　　　氏名
2．実施日時　　（和暦）○○年○月○日（○）○時限目
3．授業クラス　○年○組（男子○○名・女子○○名）
4．授業場所
5．使用教科書　　　　　　　　　　　　（出版社名　　　　）
6．単元名
7．単元の目標
8．教材名
9．指導目標
　　①教材観
　　②生徒観
　　③指導観
10．単元の評価規準
11．単元の指導計画　総時間（　　　　）時間（本時は　　時間目）
12．本時の目標
13．学習指導案（本時）

時間	学習内容	学習活動	指導上の留意点	評価規準

131

各科目別指導案の具体例については，各都道府県教育センター等が各ホームページに公開しているので参考にするとよい。以下の教育センターではパスワード等を必要としていないので利用しやすい。

　また，パスワード等を必要としている場合でも，指導教員に依頼して入手することが可能である。

〇学習指導案事例集を公開している都道府県教育センター等

　　岩手県総合教育センター　　宮城県教育研修センター

　　福島県教育センター　　　　新潟県立教育センター

　　栃木県総合教育センター　　埼玉県立総合教育センター

　　茨城県教育研修センター　　神奈川県立総合教育センター

　　千葉県総合教育センター　　山梨県総合教育センター

　　石川県教育センター　　　　京都府総合教育センター

　　大阪府教育センター　　　　和歌山県教育センター

　　奈良県立教育研究所　　　　島根県教育センター

　　広島県立教育センター　　　福岡県教育センター

　　佐賀県教育センター　　　　熊本県立教育センター

　　鹿児島県総合教育センター

　このほかにも，各自治体の教育センター等のホームページには参考になる情報や資料が多く掲載されているので活用するとよい。

5　教育実習生が守るべきルールとマナー

　教育実習は「教員免許」を取得するために必要な実習科目の一つである。そして，この実習は「学ぶ」立場から，「教える」立場への転換のための実践的経験であり，一人前の教師としての資質を身に付けていく過程でもある。「教える」立場に立つのであるから，いまだ未熟な学生の身分であっても，生徒たちにとっては「先生」である。当然教える内容や教え方に責任をもつ必要がある。自分が担当する授業の教科・科目に関しては，十分な事前研究としっかり

とした学習指導案の作成が絶対条件として存在する。少しくらいの誤りは，後で指導教員の修正等により回復できるなどという甘えは厳禁である。

　また，生活面においても，指導者としての自覚をもって行動しなければならない。自分の言行が生徒に大きな影響を与えることを常に自覚し，生徒たちには「公平」「平等」に接するよう心がける。たとえば，生徒の名前を呼び捨てにするなどは絶対に避けなければならないこととして覚えておいてほしい。

　一方，教育実習は「教員になるための過程」であり，まだ「教員」ではないということもしっかり認識していなければならない。指導教員への相談・報告を怠らず，常に指導教員からの指示・指導・承認のもとで行動するように心がけてほしい。

　あなたが高等学校の教員を目指すからには，中学校または高等学校で教育実習を行わなければならない。実習先を探して内諾をとり実習校を決めていくのだが，多くの場合自分の出身高等学校を実習先として希望し，高等学校の方でも自校の卒業生であるということで受け入れてくれる場合がほとんどであろう。しかし，学校現場はそれぞれに多くの課題を抱えながら年間行事予定や授業計画を滞りなく遂行するために，時間的にも人員的にも余裕のない状況であることを理解しておく必要がある。本来業務以外の仕事が増えることが，どれほど現場にとって負担であるかを考えれば，おのずと教育実習に向かう際の心構えもできるはずである。あくまでも「依頼」して「受け入れていただく」立場であることを肝に銘ずるべきである。礼儀とマナーを守って，実習に臨むこと。とくに出身校での教育実習は気持ちの切り替えが必要である。

　また細かいことではあるが，学校現場の苦情をなくすために気をつけなければいけない点を記しておく。

- 欠席・遅刻・早退をしない。病気等のやむを得ない事情が発生した場合は必ず実習先の管理職や指導教員に連絡をする。
- 通勤手段は公共交通機関を利用する。それ以外の手段を利用しなければならない事情がある場合は，事前に実習先の管理職に相談する。
- 服装は実習生として良識のあるものを選び，身だしなみを整える。「身だし

なみ」と「オシャレ」は違う。「身だしなみ」は相手に対するマナーであり，「オシャレ」は自分のためのものである。

- 指導教員に対してだけでなく，すべての人に，大きな声で，明るく挨拶をする。
- 実習先で知りえた個人情報等を外部に漏らさない。

引用文献
文部科学省（2018）「高等学校学習指導要領」。

（学習の課題）

(1)　初めて教室に入ったとき，入り口に5～6人の生徒が立っていて，口々に「先生って，何歳？」「彼女（彼氏）はいるの？」「どこに住んでるの？」と聞いてきた。他の生徒は静かに席に座って待っている。あなたならどのような対応をするか考えてみよう。

(2)　放課後，一人の生徒から相談があると言われた。さらに「担任や他の先生には知られたくないことなので2人だけの秘密にしておいてほしい」と言う。あなたならどのような対応をするか考えてみよう。

(3)　初めての授業の導入を想定した模擬授業を，具体的な教材を選んで行い，その様子を録画して自分の表情や声の大きさ，目配りの仕方などを確認してみよう。

【さらに学びたい人のための図書】

野地潤家（1996）『教育話法入門』明治図書出版。
　　⇨教育に関わるものは，話法に習熟していなくてはならない。教育話法の基本課題，習得過程，熟達過程が取り上げられている。

大村はま（1973）『教えるということ』共文社。
　　⇨教科指導を離れて，教師として必要な形，態度などについて，著者の長年の教師としての歩みや生き方が書かれている。

加藤昌男（2009）『ことばの伝達力——教室で役立つ30のヒント』日本放送出版協会。
　　⇨「先生のためのことばセミナー」を担当してきたNHKのアナウンサーの経験をもとに，教室で使える教師としての言葉の実践例がまとめてある。

（原田恵子）

| 第10章 | 特別支援学校教育実習の特質 |

この章で学ぶこと

　特別支援学校での教育実習は，幼稚園，小学校，中学校，高等学校（以下，小中学校等）で行う教育実習と本質的に変わるものではない。しかしながら，障害のある幼児児童生徒（以下，児童生徒）を対象に教育を行うことから，特別支援学校特有の教育課程，指導の形態等が設けられていることを理解する。また，特別支援学校で学ぶ児童生徒は，同学年であっても障害の状態および発達段階，特性等が異なっているという実態がある中で，特別支援学校の授業がどのような視点を大切にして，創意，工夫しながら実践されており，今後どういった指導が求められるのかを学び，考える。

　　1 　特別支援学校の目的と教育課程

（1）特別支援学校の目的

　特別支援学校の目的については，学校教育法に示されている。

　第72条において，「特別支援学校は，視覚障害者，聴覚障害者，知的障害者，肢体不自由者又は病弱者（身体虚弱者を含む。以下同じ。）に対して，幼稚園，小学校，中学校又は高等学校に準ずる教育を施すとともに，障害による学習上又は生活上の困難を克服し自立を図るために必要な知識技能を授けることを目的とする」（下線，筆者）と示されている。「準ずる」とは，「同じ」と解釈することができる。また，「障害による学習上又は生活上の困難を克服し自立を図るために必要な知識技能を授ける」とあるのは，特別支援学校の特質といえる障害の状態そのものへの対応ということができ，「自立活動」という領域の設定に関連している。

135

このように，特別支援学校の教育は，小中学校等の教育の目的と基本的に異なるものではないことに留意することが重要である。

　第73条においては，個々の特別支援学校がいずれの障害種別の教育を行うのかを明確にすることが規定されている。すべての特別支援学校が５つの障害種すべてを扱っているわけではなく，視覚障害，聴覚障害，肢体不自由，知的障害，病弱の５つすべての障害種を対象に教育を行っている学校はきわめて少ない。多くの特別支援学校が１つ（単独）あるいは，２つ（複数）の障害種を対象としていることが多い。視覚障害，聴覚障害，病弱の障害種の教育を行う場合は，単独校の場合が多く，複数の障害種を対象としている場合では，肢体不自由と知的障害を対象としている学校が半数以上を占めている。

　また，複数の障害種を対象としている学校においては，それぞれの障害種別の教育部門（例：肢体不自由教育部門，知的障害教育部門等）を設けて，部門ごとに教育活動を行っている場合と部門を設けずに障害や発達の実態等を考慮して教育活動を行っている学校がある。事前に，教育実習を行う学校の実態をつかんでおく。

　第74条においては，特別支援学校は，在籍する児童生徒に対する教育を行うことと併せて，小中学校等の要請に応じて，支援を必要としている児童生徒の教育に関し必要な助言または援助を行うよう努めるものとしている。このことを特別支援学校の地域における特別支援教育の「センター的機能（役割）」と呼んでいる。この機能を発揮するために，各特別支援学校は，地域支援センターや地域支援部等といった校務分掌組織を設けるとともに，特別支援教育（地域支援）コーディネーターや地域支援員等を配置して，地域における特別支援教育のセンター的機能（役割）を果たしている。

（2）特別支援学校の教育課程

　特別支援学校の教育課程については，学校教育法施行規則や学習指導要領に示されている。知的障害者を除く，視覚障害者，聴覚障害者，肢体不自由者または病弱者である児童生徒に対する教育を行う特別支援学校の領域・教科等に

ついては，小中学校等に準ずる領域・教科等にそれぞれ自立活動（障害に基づ
く種々の困難の改善・克服を目的とした特別支援学校特有の領域）を加えて編成する
こととしている。そして，各教科の目標，各学年の目標および内容ならびに指
導計画の作成と内容の取扱いについては，小中学校等の学習指導要領に示すも
のに準じている。

　知的障害者である児童生徒を教育する場合は，以下のとおりである。

学　部	各教科（知的障害）	領域等（知的障害）
小学部	生活（1～6年），国語，算数，音楽，図画工作，体育	道徳科，特別活動，自立活動
中学部	国語，社会，数学，理科，音楽，美術，保健体育，職業・家庭，外国語（必要に応じて設けることができる）	道徳科，総合的な学習の時間，特別活動，自立活動
高等部	共通教科：国語，社会，数学，理科，音楽，美術，保健体育，職業，家庭，外国語，情報（外国語および情報は必要に応じて設けることができる） 専門教科：農業，工業，流通・サービス，福祉学校設定教科	道徳，総合的な学習の時間，特別活動，自立活動

　小中学校等の各教科と上記の知的障害者である児童生徒を教育する場合の各
教科を比較してみると，知的障害の特徴や学習上の特性などを踏まえた独自の
教科が設定されていることがわかる。教科名が同じであっても，その教科の目
標および内容は異なっている。そして，小中学校等では学年別に示してある各
教科等の目標および内容が学年別では示されず，独自の目標および内容が段階
別で示されているので，特別支援学校新学習指導要領（以下，新学習指導要領）
や新特別支援学校学習指導要領解説（以下，新学習指導要領解説）でしっかりと
確認しておく必要がある。

　なぜ小中学校等の各教科とは別に規定されているのかを考えてみよう。

　知的障害のある児童生徒は，同一学年であっても障害の程度や学習状況等の
実態に幅があることがあげられる。そこで，個々の児童生徒の実態等に即して，
各教科の内容を選択，指導しやすくするために各教科等の目標および内容等を
小中学校等のように学年別で示さず，小学部と高等部は3段階，中学部は2段
階で示し，各教科の各段階に共通した目標および段階別の内容を示しているの

である。

（3）様々な教育課程

　教育課程は，大きく分けると（知的障害を伴わない）視覚障害者，聴覚障害者，肢体不自由者，病弱者を教育する特別支援学校の場合と知的障害者を教育する特別支援学校とで異なっていることがわかった。前者は，小中学校等に準じた教科等が設定されていて，後者は，知的障害の程度や学習状況等の実態から小中学校等とは異なった独自の各教科等が設定されているということである。

　では，前者の特別支援学校に在籍する児童生徒は，全員が小中学校等と同様の各教科等を学んでいるのかというと，そうでもない。知的障害を伴わない視覚障害，聴覚障害，肢体不自由，病弱のある児童生徒は，小中学校等に準ずる学習を行うことになるが，児童生徒の多くは知的障害を併せ有しているのが実態である。主となる障害種以外に，知的障害を併せ有しているということである。このように2つ以上の障害種を有している場合を重複障害という。

　そのため，知的障害者を教育する特別支援学校以外の特別支援学校にあっては，児童生徒の実態に応じて，以下のような教育課程を設定，選択している現状があることに留意する必要がある。一般的には，以下の4つの類型に分けられていることが多い。

① 　小中学校等の教科を中心として編成した教育課程「準ずる教育課程」

② 　下学年（下学部）適用での教科を中心として編成した教育課程「下学年適用の教育課程」（新学習指導要領第1章第8節1）

③ 　知的障害者を教育する特別支援学校の教科を中心として編成した教育課程「知的障害教育の教育課程」（新学習指導要領第1章第8節3）

④ 　自立活動を中心として編成した教育課程「自立活動中心の教育課程」（新学習指導要領第1章第8節4）

（4）指導の形態

　小中学校等で行われている「領域別・教科別の指導」の形態とともに，知的

障害者を教育する特別支援学校特有の指導の形態として，「各教科等を合わせた指導」と呼ばれる指導の形態をとることができると規定されている（学校教育法施行規則第130条第2項）。

なぜ，「各教科等を合わせた指導」が有効であるのかについては，知的障害のある児童生徒の学習上の特性から新学習指導要領解説で次のように説明されている。

> 　知的障害のある児童生徒の学習上の特性としては，学習によって得た知識や技能が断片的になりやすく，実際の生活の場で応用されにくいことや，成功経験が少ないことなどにより，主体的に活動に取り組む意欲が十分に育っていないことなどが挙げられる。また，実際的な生活経験が不足しがちであることから，実際的・具体的な内容の指導が必要であり，抽象的な内容の指導よりも効果的である。

「各教科等を合わせた指導」の学習としては，従前から「日常生活の指導」「遊びの指導」「生活単元学習」「作業学習」などが実践され，新学習指導要領解説で具体的な説明がされている。

日常生活の指導	児童生徒の日常生活が充実し，高まるように日常生活の諸活動を適切に指導するもの。例：衣服の着脱，洗面，手洗い，排泄，食事，清潔などの基本的生活習慣の内容や，あいさつ，言葉遣い，礼儀作法，時間を守ること，きまりを守ることなどの日常生活や社会生活において必要で基本的な内容等
遊びの指導	遊びを学習活動の中心に据えて取り組み，身体活動を活発にし，仲間とのかかわりを促し，意欲的な活動をはぐくみ，心身の発達を促していくもの。例：児童が比較的自由に取り組むものから，一定条件の設定をして活動する遊び等
生活単元学習	児童生徒が生活上の目標を達成したり，課題を解決したりするために，一連の活動を組織的に経験することによって，自立的な生活に必要な事柄を実際的・総合的に学習するもの。例：季節を題材にした単元，行事を題材にした単元，校外学習を題材にした単元，遊びやものづくりを題材にした単元等
作業学習	作業活動を学習活動の中心にしながら，児童生徒の働く意欲を培い，将来の職業生活や社会自立に必要な事柄を総合的に学習するもの。例：農耕，園芸，紙工，木工，窯業，縫製，織物，金工，印刷，調理，食品加工，クリーニング，販売，清掃，接客等

各教科等を合わせた指導を行う場合，各教科等の目標・内容を関連づけた指

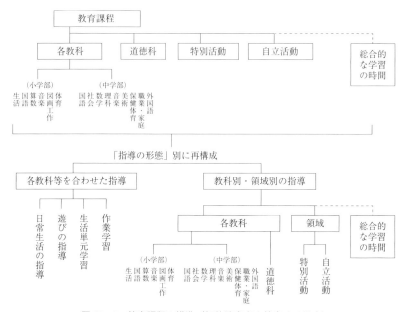

図10-1 教育課程の構造（知的障害者を教育する場合）
出典：筆者作成。

導や学習評価のあり方が曖昧になりやすいことが指摘されている点に留意が必要である。

図10-1は，知的障害者を教育する場合の教育課程の構造を「教科別・領域別の指導」と「各教科等を合わせた指導」の形態別に表している。

図10-2は，「小学校に準ずる教育課程」を選択している場合の週時程例と「知的障害者を教育する場合」の週時程例をあげているので対比して理解するとよい。

ここまで，知的障害者を教育する場合について具体的に述べてきたが，視覚障害，聴覚障害，肢体不自由，病弱の障害種別のそれぞれの学習上の特性等についての配慮事項が新学習指導要領に述べられているので，確認しておくとよい（新学習指導要領第2章第1節第1款）。

第10章　特別支援学校教育実習の特質

〈週時程の例（知的障害教育以外の小学部）〉

	月	火	水	木	金
～ 9：45	特別活動	算数	社会	道徳	国語
～10：30	国語	社会	体育	国語	音楽
～11：15	理科	図工	家庭	社会	算数
～12：00	算数	図工	家庭	理科	自立活動
～13：30	給食，昼休み				
～14：15	社会	体育		算数	総合学習
～15：00	自立活動	国語		自立活動	総合学習

〈週時程の例（知的障害教育　小学部）〉※道徳科は教育活動全体を通じて指導

	月	火	水	木	金
～ 9：45	日常生活の指導（登校，着替え，朝の会，朝の活動）				
～10：30	自立活動				
～11：15	遊びの指導				
～12：00	生活単元学習				
～13：30	給食，昼休み（日常生活の指導）		給食，昼休み，日常生活の指導（着替え，終りの会，下校）	給食，昼休み（日常生活の指導）	
～14：15	音楽	体育		算数	国語
～15：00	日常生活の指導（着替え，終わりの会，下校）			日常生活の指導（着替え，終わりの会，下校）	

図 10 - 2　小学校に「準ずる教育課程」と「知的障害者を教育する場合」の週時程例

出典：筆者作成。

2 　特別支援学校の指導の実際

（1）特別支援学校の教科書

　特別支援学校で使用する教科用図書（以下，教科書）は，小中学校等と同じ文部科学大臣の検定を経た教科書（検定済教科書），文部科学省が作成している教科書（文部科学省著作教科書）および学校教育法附則第9条の規定による教科書（一般図書）がある。この法附則第9条の規定による教科書は，書店等で販

売されている絵本等を含む一般図書であり，法に基づき教科書として適切であるかについて各都道府県等の教育委員会の審議を経て，教科書として扱われている。その中には，知的障害養護学校校長会の作成した国語，社会，数学，進路，調理の教科書もある。

　文部科学省が作成している教科書には，視覚障害者用の点字教科書，聴覚障害者用の言語指導や音楽の教科書，知的障害者用の国語，算数，音楽の教科書があり，内容により☆，☆☆，☆☆☆，☆☆☆☆の段階に分けられている。

　実際に使用されている教科書は，教育課程や児童生徒の実態により異なり，「準ずる」教育課程や「下学年適用」の教育課程で指導を行っている場合は，小中学校等と同じ検定済教科書を使用するが，それ以外の教育課程で指導を行う場合は，著作教科書や一般図書を使用していることが多い。また，その場合，実際に日々の学習指導では，教科書を使用して学習することは少なく，教員の手づくり教材によるところが大きい。

（2）チームティーチング（複数指導体制）

　特別支援学校の授業づくりの特徴として，複数教員による指導を行っている場合が非常に多い。中心指導者（T1）を中心として，サブ指導者（T2，T3等）と授業のねらいや児童生徒の活動等を共通理解しながら，それぞれが役割をもちチームワークよく授業を行うことになる。授業づくりの共通理解を図るためには，指導者間の打合せや日頃の意思疎通，学習指導案が重要なツールとなる。毎時間，研究授業時のような学習指導案を作成することは困難であるが，いわゆる学習指導略案と呼ばれる指導案を作成し，それをもとに指導者間で共通理解を図り，授業を行っている。

（3）授業づくりの実際

　授業づくりにおいては，バランスのいい実態把握がもとになる。障害特性や発達の段階，生活実態とともに生活年齢を考慮することが大切である。とくに，発達検査の結果から得られる発達年齢だけで児童生徒を捉えたり，障害特性等

だけから児童生徒を捉えたりすることがないようにし，日常的な観察等も大切にしながら，全体的に児童生徒の実態を把握することが必要である。

また，各教科等での目標等は，「個別の指導計画」の中にも反映することになる。学習指導計画や個別の指導計画を作成する際には，目前の児童生徒の姿のみではなく，児童生徒の将来の姿を展望しながら，そのために，いま，つけておきたい力を明確にし，学習の目標を設定することが大切である。学習指導案（「単元設定の理由」の項目）においても，現在や将来の生活につながる生きる力の視点を明示しておくことも有効である。

教材や単元の設定について，名古屋恒彦（岩手大学教授）は「本物の生活づくり」「現実度の高い生活」「できる状況づくり」という重要な視点をあげ，その中で「本来の生活に必ずある『意味』や『必然性』がある活動が展開されているかが問われる」。また，「作業学習は，本物の仕事に打ち込むことでこそ，その力を発揮する指導の形態です。『お仕事ゴッコ』ではない，実社会にきちんと位置づくものづくりや労働に生徒たちが主体的に打ち込むことを追究します」と述べている（名古屋，2016，23，27頁）。

机上で計算の学習プリントがどれだけ正確にできていても，その学びが実生活の中で使える力となって身に付いていなければ本当の力（生きる力）とはならない。わかって計算できる力を使える力にしていくことが大切である。

授業の目標等の設定について，各教科等の目標や内容等については，新学習指導要領に示されている各学年，あるいは各教科の各段階の目標等が参考となる。

学習指導案を見ていると授業の目標において「～を味わう」「～を楽しむ」といった抽象的な表現が見られ，その評価は主観的なものになっていることがある。そこで，具体的で誰もが評価しやすくわかりやすい目標を設定することに留意が必要である。わかりやすい目標の設定については，独立行政法人国立特別支援教育総合研究所の研究成果が参考となる。

---

① 抽象的な表現ではなく具体的な行動を挙げる。

×いろいろな素材に触れ感触に慣れる

→○スライムに自分から手を伸ばす

② 複数の行動が含まれる場合は課題を分けて記述する。
　　×お話し遊びに興味を持って集中して見たり期待して聞いたりする
→○人形の動きを目で追う　○…が登場する場面が近づくと声を出す
③ 子どもの目標と支援の方法・手立てを分けて記述する。
　　×バルーンなどの好きな遊びで一日の活動の意欲を高める
→○バルーンに乗り笑顔になる（手だて：一日の活動への意欲を高めるために，毎朝，…の時間に行う）
（独立行政法人 国立特別支援教育総合研究所の研究成果報告書，2013〜2014，114頁）

　授業場面に関わり，藤原義博（筑波大学教授）は，子どもがわかって動ける授業づくりについて，3つの観点を重視している。

　(1)物理的支援環境を整える，(2)個のニーズに応じた支援（支援ツール）を充足する，(3)適切な人的支援環境を見直す。

　「具体的には，授業展開にふさわしい課題や活動を行いやすい机や椅子の配置，児童生徒が自ら準備・片付けを行い，課題や活動に取り組みやすい，何がどこにあるか分かる教材・教具などの物の配置，いつ・どこで・どの順番に・何をするのか分かる"分かって動ける"手がかりの配置，互いに課題や活動に取り組みやすい児童生徒の配置，適切な支援のしやすい指導者の配置などである。（中略）そこで，改めて授業展開における『動線』を見直し，複雑で入り組んだ動線，児童生徒が互いに交差や逆行するような動線，児童生徒の動線を遮るような指導者の動線などが見られる場所がないか確かめていただきたい。ある場合には，ぜひとも最良の動線が描かれるように授業環境を整えてみよう」（藤原監修・著，2012，11頁）。

　適切な人的支援環境については，指導者の数と位置（ポジション）をあげることができる。留意しなくてはならないのは，指導者の数が多ければ多いほど手厚く充実した指導が行えると誤解しがちな点である。ある授業場面で，正面で中心指導者が児童に語りかけていて，児童の横，あるいは間近な背後にサブ指導者が位置している。児童は中心指導者をしっかりと見て，その話を聞こう

第10章　特別支援学校教育実習の特質

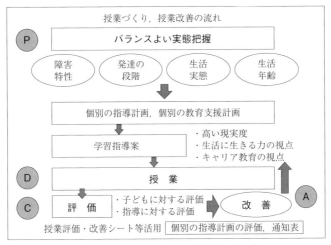

図10-3　「授業づくり，授業改善の流れ」
注：ⓅⒹⒸⒶは，PDCAサイクルを示す。
出典：筆者作成。

としているのだが，隣にいるサブ指導者が必要でもないのに，その児童に「○○さん，聞いている？　□□先生がお話ししているね」などと語りかけ，児童の中心指導者への集中を途切らせ，サブ指導者に注意を向けさせていることがある。これは，支援ではなく，逆に児童の活動をサブ指導者が奪っているのである。

　児童生徒の主体的な活動を引き出す支援をするためには，どこに位置を取り，いつ，どのようなタイミングで児童生徒に言葉をかけたり，具体（直接）的な支援をするのかを考えることが重要である。また，児童生徒の注目を促すためには，声の大小や声のトーンの使い分けなども有効である。

　評価については，指導と評価を一体化させ，児童生徒の活動の評価と併せて，指導者自身の指導に対する評価を行う必要がある。指導者が十分な教材・教具を準備したり，適切な支援ができていたかどうかを抜きにして，児童生徒が主体的に活動しなかったなどと評価することは一方的で適切な評価とはいえない。また，評価の規準をあまりにも数値化し過ぎないことにも留意が必要である。

　授業の評価や改善については，実態把握から始まるPlan（計画）→Do（実

践）→Check（評価）→Action（改善）のサイクルをもとに，各校で授業評価シートや授業改善シート等といったツールも作成され，有効に活用されている。

また，実習中において，休み時間などは子どもと関わる貴重な時間でもある。授業記録とともに，授業以外の生活場面での児童生徒についての気づきやエピソード等を記録するよう心がけるとよい。そうしたことが児童生徒をより理解することにつながっていく。

3　学習指導案例

ここでは，これまで学んだ教育課程や指導の実際を学習指導案にどのように反映させ，どのような学習指導案を作成するのかについて，そのサンプルから学んでいく。学習指導案の様式は，各学校で異なっているが，基本的な共通部分とともに作成の視点について参考としたい。

○○科学習指導案

○○○立○○支援学校

指導教員名　○○○○

指導者名　　○○○○（T1）

　　　　　　○○○○（T2）

> 領域・教科名，指導の形態名
> 例）国語科学習指導案，生活
> 単元学習学習指導案

1．日　時　（和暦）○○年○月○日（○）第○校時　○：○○～○：○○

2．対　象　○学部○年○組（○○グループ）○名

3．場　所　○学年○組教室

4．単元名　○○○○○○

5．単元設定の理由

> 取り上げる単元が，児童生徒の指導目標の
> 達成に，どのような意義があるのかを記述

※以下の内容を「児童（生徒）観」「教材観」「指導観」と項目立てして記述することも多い。

　◇個別の指導計画や学習指導要領を参照し，次の観点で記述

　・学級やグループの児童生徒の実態（「児童（生徒）の実態」として項目立てして記述することもある）

大まかな障害の状態や発達の様子，学習に取り組む様子，理解の様子，支援内容や方法，興味・関心，意欲等について（障害種を記す場合，5つの障害種と病名等を並列に記述しないように）
- なぜ本単元を取り上げるのか
- 本単元につながるこれまでの学習（7で示す他の学習とのつながりについてなど）
- 児童生徒が主体的に取り組める活動の進め方，環境設定，支援方法等のできる状況づくり
- 本単元での学びをどのように生かすことが期待できるかを記述（学校・家庭・地域での生活の中で，将来の生活の中で）

例）本時の学びを日頃の生活の中で，家族との買い物などに生かしたり，将来の生活の中での場面に応じた言葉遣いを含めたコミュニケーションの力，計画的な買い物の力の育成につなげたい。

6．単元の目標
◇単元全体をとおして，育てたい力，目指す姿（大まかな目標）を記述
- 学習指導要領の各学年の目標や内容及び各段階の目標や内容を参考
- 自立活動の学習指導案については，6区分27項目のうち，選択した目標となる区分，項目を示し記述

(1) 〈自立につながる知識・技能〉（知識・理解）
……をとおして……について理解する。……によって……の機能を高める。
(2) 〈主体的な学び〉（関心・意欲・態度）
……をとおして……する態度を身に付ける。……の意欲をもつ。

※「キャリア教育の視点」について，項目立てして記述することもある。
　　付けたい力：「働く力」「自立した日常生活をおくる力」「余暇を楽しむ力」

7．単元のつながり（本学習指導案例を示している学校では独自に本項目を設定）
◇年間の指導のつながり，他の学習とのつながりを図示

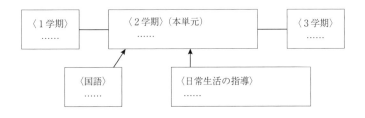

8．指導計画〈全○時間〉（以下内容については，例を示す。）

	指導内容	主な学習内容	
		自立につながる知識・技能	主体的な学び
第1次 （○時間）	例）いろいろな店を見学する	例）身近な店でどんな物を売っているかを知る	例）家族が買い物で何を買っていたかを考えて発表する
第2次 （○時間） 本時○／○	例）買い物の仕方を知り，買いたい物を選んで買う	例）店員に言う言葉や流れを理解し，練習する	例）買いたい物を自分で選ぶ
第3時 （○時間）			

知る・理解する・〜（技能）をする・練習する等

学習したことをもとに……考える・決める・選ぶ・調べる・尋ねる・話し合う等

※最終的に，「6単元の目標」に到達できるようにする。

9．本時の目標と評価

　◇単元の目標の達成に向けて，本時では何をねらうのかを具体的に記入

〈全体の目標〉

　・店員との金銭や言葉のやり取りを中心とした買い物の流れがわかる。

　・店員に大きな声で用件を伝えることができる。

〈個別の目標〉　　　　　　　　　　　　　　　　　　　評価：◎○△

児童生徒名	児童生徒の実態	本時の目標	評　価
A	買い物の経験が少なく……	店員とのやりとりの順番がわかる	
B	人の顔を見て話すことが苦手で……	相手の顔を見てやり取りすることができる	

個々の具体的な目標

単元や本時の目標に関わる実態，長所や手立てによりできることも記述

148

第10章　特別支援学校教育実習の特質

10.　展　開

時　間	主な学習活動	指導上の留意点		準備物
		T1	その他のT	
導　入 ○分	1　あいさつ 2　本時の学習内容と目標を知る（一斉）	目標を提示する	○具体的な支援内容や支援方法を記述 例）・〜ができるように言葉かけや身体支援をする・絵カード等で示す・指さしをする・すぐに活動を促さず，自ら動き出すのを待つ ○手立ての工夫 ○うまくいかなかったときの対応等 ※単なる「指導手順」にならないようにする	
展　開 ○分	3　店の様子や売っている物を知る 4　買い物のやり取りの指導者の見本を見る（一斉） 5　買い物をする			
まとめ ○分	学習内容を振り返る（一斉） 次回の予告をする			

11.　板書計画

- 本時の学習の目標（めあて）を明示する。
- 読みやすい文字の大きさ，色使いを考える。
- 板書カード等も工夫して活用する。

12.　教室配置等

- 必要なら動線等も表示

13.　授業評価

観　点	評　価	課　題
実態に合った目標や学習活動であったか		
自立につながる知識や技能の学習となっていたか		
自主性・主体性を引き出す活動が設定できていたか		
手立てや支援ツールは適切であったか		

A：十分達成　　B：おおむね達成　　C：やや不十分　　D：不十分
※児童生徒の活動の評価と指導者としての指導の評価の両面から振り返り，授業改善に生かしていく。

出典：筆者作成（参考：京都府立舞鶴支援学校）。

149

授業者は，学習指導案を書く（作成する）ことで，授業の意図することを深く考え，授業をより具体的にイメージすることになる。併せて，的確な児童生徒の実態の把握が進み，教材・教具の工夫が行われていく。こうした学習指導案の作成の積み重ねにより，授業改善が図られるとともに，それが授業者自身の「授業力」を高めていくことにつながっていくのである。

教育実習は，人と人との出会いでもある。2週間，ともに生活をする児童生徒に積極的に関わっていくことが第一である。まずは，明るいトーンで「あいさつ」の言葉かけから始めよう。

障害があるがゆえにできないこともあるが，そうしたできないことばかりに注目するのではなく，その児童生徒のできるところ，いいところに目を向け，それを手がかりにしながら課題に向かって取り組んでいくことが大切である。いうなれば，「何ができないのかではなく，何ができるのか」といった視点をもつことが必要である。いいところを見つけるということは，児童生徒を肯定的に捉えることでもある。児童生徒同士も互いのよいところや違ったところを認め合える関係をつくっていきたい。

また，「寄り添う」という言葉がよく使われるが，それは，アルフレッド・アドラーがいう「子どもの目で見て，子どもの耳で聴いて，子どもの心で感じる」ことではないかと筆者は考える。そうした思いをもって教育実習に臨み，子どもたちに「がんばる楽しさ」を実感させてほしいと願っている。

引用文献

独立行政法人 国立特別支援教育総合研究所の研究成果報告書（2013～2014）『専門研究B「重度・重複障害のある子どもの実態把握，教育目標・内容の設定，及び評価等に資する情報パッケージ」（通称「ぱれっと」（PALETTE））』（本研究成果は，（2016）ジアース教育新社より出版もされている）。

名古屋恒彦（2016）『わかる！できる！「各教科等を合わせた指導」──どの子も本気になれる特別支援教育の授業づくり』教育出版。

藤原義博監修・著，富山大学人間発達科学部附属特別支援学校（2012）『特別支援教育における授業づくりのコツ』学苑社。

第10章　特別支援学校教育実習の特質

（学習の課題）

(1) 特別支援学校の教育課程特有の障害に基づく困難の改善・克服を目的とした領域について，領域名，その領域の目標や内容について整理をしよう。

(2) 知的障害者を教育する場合における「各教科等を合わせた指導」の有効性とその代表的な4つの学習名をあげ，それぞれの特徴や留意点等について整理しよう。

(3) 児童生徒が主体的に活動できる（わかって動ける）授業づくりを行うために留意しなければならないことを整理しよう。

【さらに学びたい人のための図書】

独立行政法人 国立特別支援教育総合研究所（2016）『特別支援教育の基礎・基本［新訂版］』ジアース教育新社。

　　⇨共生社会の形成に向けた情勢から，特別支援教育の基礎，特別支援学校の教育，各障害に応じた教育の基本について学ぶことができる。

名古屋恒彦（2016）『わかる！できる！「各教科等を合わせた指導」』教育出版。

　　⇨「本物の生活」に基づく視点等から，知的障害教育における「各教科等を合わせた指導」の授業づくりについて学ぶことができる。

藤原義博監修・著，富山大学人間発達科学部附属特別支援学校（2012）『特別支援教育における授業づくりのコツ』学苑社。

　　⇨児童生徒がわかって動ける授業づくりのための適切な指導および必要な支援について，観点と具体的事例から学ぶことができる。

（澤田　均）

| 第11章 | 介護等体験 |

この章で学ぶこと

　小中学校の教員免許取得希望者は，介護等体験を実施することが法的に義務づけられている。この章では，介護等体験設立の背景や意義，体験の内容や受け入れ先の実際など，介護等体験にまつわる様々なことを学び，この取組みをとおして何を学ぶべきなのかを考えることとする。

　介護等体験の受け入れ先である特別支援学校や社会福祉施設等は，ほとんどの体験生にとって馴染みのあるところではないだろう。まずは，そうした施設や機関がどのような目的で誰に対して開かれているものなのかについて知り，その上で自身がどのような目的意識をもって体験に臨むのかについて考える機会としてほしい。

1 介護等体験とは

（1）介護等体験の法的根拠

　1997（平成9）年11月，文部事務次官通達「小学校及び中学校の教諭の普通免許状授与に係る教育職員免許法の特例等に関する法律等の施行について」（以下，通達）が出された。そこでは，「小学校及び中学校の教諭の普通免許状授与に係る教育職員免許法の特例等に関する法律」（以下，特例法）が公布され，1998（平成10）年4月1日から施行されることが示された。[*]

　この通達の中では，制定の趣旨等について以下のように書かれている。

　　今回の法の制定趣旨は，義務教育に従事する教員が個人の尊厳及び社会連帯の理念に関する認識を深めることの重要性にかんがみ，教員としての資質の向上を図り，義務教育の一層の充実を期する観点から，小学校又は中学校の教諭の普通免許状の授与を受けようとする者に，障害者，高齢者等

第11章　介護等体験

に対する介護，介助，これらの者との交流等の体験（以下「介護等の体験」
という。）を行わせる措置を講ずるため，小学校及び中学校の教諭の普通免
許状の授与について教育職員免許法（昭和24年法律第147号）の特例等を定
めるものであること。

　これにより，義務教育段階の教員免許取得希望者は，およそ７日間（通達に
おいては社会福祉施設等５日間，特別支援学校２日間での体験が望ましいとされてい
る）の介護等体験を実施することが法的に義務づけられた。[**]

　この特例法によると，体験の内容は「障害者，高齢者等に対する介護，介助，
これらの者との交流等の体験（中略）（介護等の体験）」とされており，通達には
「介護，介助のほか，障害者等の話相手，散歩の付添いなどの交流等の体験，
あるいは掃除や洗濯といった，障害者等と直接接するわけではないが，受入施
設の職員に必要とされる業務の補助など，介護等の体験を行う者の知識・技能
の程度，受入施設の種類，業務の内容，業務の状況等に応じ，幅広い体験が想
定されること」となっている。教育実習が実習生に対して（授業実践を核としな
がら）かなりの程度意図的計画的に取り組まれるのに対し，この介護等体験で
は，体験先の多様性もさることながら，得られる体験も様々であることが期待
できる。この取組みの目的を狭く限定しすぎず，広く教職一般に求められる能
力や資質との関係で捉え，実地に臨むことが重要である。

　　*　加えて，これに伴って「小学校及び中学校の教諭の普通免許状授与に係る教育職
　　　員免許法の特例等に関する法律施行規則」が公布され，該当する施設に係る文部大
　　　臣の指定が告示された。
　　**　特例法によると，この体験は７日間を超えて実施することも可能とされている。
　　　加えて，同法では，小中学校の教員免許取得希望者であっても介護等に関する専門
　　　的知識および技術を有すると認められる者または身体上の障害により介護等の体験
　　　を行うことが困難な者として文部省令で定めるものは，介護等の体験を要しない
　　　（ただし，本人が希望すればできるだけ意思を尊重する）とされている。詳細は本
　　　法を参照のこと。

（2）介護等体験設立の背景と今日的意義

　介護等体験設立の背景については，特例法が制定されるまでのプロセスの中にみることができる。参議院第140回国会文教委員会の記録をみてみると，介護の体験の重要性，とりわけ義務教育に従事する教員が原体験としての介護体験をもつことの必然性について議論されている。そして，その根拠として指摘されているのが，他者に対する想像力の欠如，パブリックマインドの欠如である。パブリックマインドとは文字どおり「公共の精神」であり，より平坦な言葉を用いるならば「みんなのために何かをする」ということになるだろう。依然としてなくならないいじめ問題や教師による体罰事件，子どもをめぐる理解不能な事件の数々などは，他者への想像力の欠如と深い関係があると考えることができる。また，そうした子ども・学校問題へのまなざしをはじめとして，一般的にもますます加速する個人主義化，自己責任化するものの見方への対抗軸として，パブリックマインドの考え方がある。「相手の立場に立って考えよう」と提案することは簡単だが，自分と異なる立場の人間と直接関わることがなければ，そうしたものの見方を獲得することは難しい。また，これだけ少子化，核家族化，コミュニティの崩壊が進む中，「みんなのために」の「みんな」が誰を示すのかを様々に想起し，それを優先し，行動に起こすことは困難である。こうして現代日本の教育・社会事情に鑑みると，法制化20年を経てもなお，介護等体験の意義はますます大きくなっているといえる。

　他方，2017（平成29）年に告示された新学習指導要領との関係で，介護等体験の意義について考えてみよう。新学習指導要領は「主体的・対話的で深い学び」がテーマとなっており，これまでのように知識のストックにとどまることなく，何をどのように学び，何ができるようになるかをより具体的にイメージしながら子どもたちを育成すること，そのために社会に開かれた教育課程を実現することが求められている。こうした教育目標が提案された背景にはOECD の PISA 型学力の影響がある。OECD は2030年までにつけたい力として「グローバルコンピテンシー（Global competency）」という能力観を提案している（http://www.oecd.org/education/Global-competency-for-an-inclusjue-world.pdf

第11章　介護等体験

2018年7月7日アクセス）。グローバルコンピテンシーとは，ローカル，グローバルで多文化的な課題を分析する力，自己や他者の考え方にどのような相違があるかを理解する力，多様な背景をもつ他者とのオープンで適切かつ効果的な相互作用に関わる力，共同体の幸福や持続可能な発展のために行動できる力のことを指す。グローバルコンピテンシーの養成を託された教員にもまたそのような力が求められることを考えれば，介護等体験の今日的意義をさらに理解してもらえるのではないだろうか。

2　介護等体験での学び

（1）社会福祉施設等で学ぶ

　さて，この介護等体験は，先述したとおり一部の自治体を除き，およそ5日間の社会福祉施設等での体験と2日間の特別支援学校での体験とに大別できる。第1節で紹介した特例法において，介護等体験の実施施設については次のように指定されている。

　　1　児童福祉法（昭和22年法律第164号）に規定する乳児院，母子生活支援施設，児童養護施設，精神薄弱児施設，精神薄弱児通園施設，盲ろうあ児施設，肢体不自由児施設，重症心身障害児施設，情緒障害児短期治療施設及び児童自立支援施設

　　2　身体障害者福祉法（昭和24年法律第283号）に規定する身体障害者更生施設，身体障害者療護施設及び身体障害者授産施設

　　3　精神保健及び精神障害者福祉に関する法律（昭和25年法律第123号）に規定する精神障害者生活訓練施設，精神障害者授産施設及び精神障害者福祉工場

　　4　生活保護法（昭和25年法律第144号）に規定する救護施設，更生施設及び授産施設

　　5　社会福祉事業法（昭和26年法律第45号）に規定する授産施設

　　6　精神薄弱者福祉法（昭和35年法律第37号）に規定する精神薄弱者更生施

155

設及び精神薄弱者授産施設

7　老人福祉法（昭和38年法律第133号）に規定する老人デイサービスセンター，老人短期入所施設，養護老人ホーム及び特別養護老人ホーム

8　心身障害者福祉協会法（昭和45年法律第44号）第17条第1項第1号に規定する福祉施設

9　老人保健法（昭和57年法律第80号）に規定する老人保健施設

10　前9号に掲げる施設に準ずる施設として文部大臣が認める施設

　　　（中略）

①　児童福祉法第6条の2第3項に規定する児童デイサービス事業であって，市町村が実施し，又は委託するものを行う施設

②　身体障害者福祉法第4条の2第3項に規定する身体障害者デイサービス事業であって，市町村が実施し，又は委託するものを行う施設

③　精神薄弱者を施設に通わせ，入浴，食事の提供，機能訓練その他の便宜を提供し，かつ精神薄弱者を現に介護する者に対し介護方法の指導その他の便宜を提供する事業であって，市町村が実施し，又は委託するものを行う施設

④　高齢者又は身体障害者に対し老人福祉法第10条の4第1項第2号又は身体障害者福祉法第18号第1項第2号に規定する便宜を供与し，併せて高齢者，身体障害者等に対する食事の提供その他の福祉サービスで地域住民が行うものを提供する事業であって，市町村又は社会福祉法人が実施するものを行う施設

⑤　老人福祉法第29条第1項に規定する有料老人ホームのうち，当該有料老人ホーム内において介護サービスの提供を行うことを入居契約において定めているもの（軽度の介護サービスの提供のみを行うものを除く。）

⑥　原子爆弾被爆者に対する援護に関する法律（平成6年法律第117号）第39条に規定する事業を行う施設（いわゆる被爆者（一般）養護ホーム及び原爆被爆者特別養護ホーム）

⑦　児童福祉法第27条第2項に規定する指定国立療養所等

第11章　介護等体験

　要するに、「社会福祉施設等での体験」とは、法令で規定されている社会福祉施設のうち、保育所をのぞくほとんどの施設や介護老人保健施設での体験を指すことになる。現在では上記の法も改正を重ねて大幅に変わっているものもあるのだが、たとえば、同じ高齢者のための施設であってもそれぞれに法的根拠が異なっていることがわかる。社会福祉施設をサービスの対象者で大別すると、老人福祉施設、障害者支援施設、保護施設、婦人保護施設、児童福祉施設、その他の施設ということになるが、根拠法の違いだけでなく、実施形態も入所や通所など様々である。表11-1に、介護等体験を受け入れている施設の代表的なものをあげた。

　社会福祉とは、狭義には生活困窮者や身寄りのない高齢者、養育に欠ける児童、障害者などいわゆる社会的弱者への保護や援助を指すが、広義にはすべての人を対象とした取組みであるといえる。たとえば、ある日突然生活困窮に陥る可能性は誰にでもあることであるし、年を重ねればやがて障害者福祉や高齢者福祉の恩恵を受けることもあるだろう。また、子育て支援サービスなしに、子どもを育てながら仕事をもつということは困難である。このように、社会福祉の問題をまずは「自分ごと」として引き受け、様々に想像するための手がかりとして介護等体験に臨んでもらいたい。加えて、先のパブリックマインドの視点も必要となる。自分がサービスの対象とならないとしても、それがいかなる制度によって運用され、当該サービスの受け手にどう受け取られ評価されているのか、そこに自分自身はどのように関与・貢献しうるのかについても是非考えてもらいたい。生活困窮者、養育に欠ける子ども、高齢者、障害者などは「自分に関係のない人」なのではなく、自分に続く道のどこかに必ずいる「自分とともにある人」なのであり、そうした人たちの暮らしの中心となっているのが社会福祉施設なのであるという感覚を有することが重要である。

　また、社会福祉は近年になり「措置から契約へ」というパラダイムシフトを遂げた。選べるサービス、事業者側と利用者側の対等な関係といったことが理念として謳われているが、実際にそれが実現しているかについては注意を払う必要がある。社会福祉における契約というあり方は、積極的にサービスを活用

表 11 - 1　介護等体験の主な受け入れ施設

法的根拠	施設の種類	主な支援内容
児童福祉法による施設	乳児院	家庭で保育を受けることが困難な乳児の養育のための施設。
	母子生活支援施設	配偶者のない女子又はこれに準ずる事情にある女子及びその児童を入所，保護し，自立支援を促す施設。
	児童養護施設	保護者のいない児童や被虐待児童などを入所，養護し自立支援を促す施設。
	障害児入所施設	障害のある児童を入所，保護し，日常生活の指導や自立支援を促す施設。福祉型と医療型がある。
	児童発達支援センター	主に就学前の障害のある児童の総合的な療育を行う通所施設。福祉型や医療型，重度心身障害児支援事業などがある。
	児童心理治療施設	学校における交友関係その他の環境上の理由により社会生活への適応が困難となった児童を短期入所あるいは通所によって治療，支援する施設。
	児童自立支援施設	不良行為をしたりそのおそれのある児童，環境上の理由により生徒指導を要する児童を入所もしくは通所により支援する施設。
障害者総合支援法による施設	障害者支援施設	障害のある人に，夜間の入浴・排泄・食事などの施設入所支援（生活介護施設）を行う施設，および日中に自立支援（機能訓練施設／生活訓練施設），就労移行支援（就労移行支援施設一般型／資格取得型），就労継続支援（就労継続支援施設A型／B型）などを行う諸施設。
	地域活動支援センター	障害のある人に対して日中の活動を支援し，創作活動や生産活動などを通して自立的な社会生活を促す地域生活支援事業施設。
生活保護法による施設	救護施設	心身の著しい障害のため日常生活が困難な人を入所，生活扶助を行う施設。
	更生施設	心身上の理由により養護および生活指導を要する人を入所，生活扶助をする施設。
	授産施設	心身上の理由あるいは世帯の事情により就業に制約のある人に就労や技能習得の機会を提供し，自立を促す施設。授産施設には，社会福祉法による福祉事業施設もある。
介護保険法・老人福祉法による施設	介護老人保健施設	介護を必要とする高齢者の入所，自立を支援する介護保険施設。老健。
	老人デイサービスセンター	通所による入浴や食事，リハビリなどのサービスを提供する施設。
	老人短期入所施設	高齢者に短期間入所してもらい介護などのサービスを提供する施設。
	養護老人ホーム	生活環境や経済的に困窮している高齢者を対象として食事の提供や健康管理などのサービスを提供し，社会復帰を促す施設。
	特別養護老人ホーム	中度から重度の介護を要する高齢者を対象とし，身体介護を中心とした自立支援のサービスを提供する施設。
その他の施設	地域福祉センター	地域住民の福祉ニーズや実情に即した総合的なサービスを提供する，地域に根ざした施設。

出典：自治体のホームページに掲載されている介護等体験に関わる諸資料等より筆者作成。

第11章　介護等体験

できる対象を，サービスに関わる情報・時間・お金等を有している一部の人に限定する可能性をはらんでいる。本来的には国が保障すべき社会福祉を，事業者や利用者任せにし，それを自己選択，自己責任としていると考えることもできるのだ。この点についても，体験中に是非考えてきてもらいたい。

（2）特別支援学校で学ぶ

　特別支援学校は，視覚障害者，聴覚障害者，知的障害者，肢体不自由者，または病弱者（身体虚弱者を含む）に対して，幼稚園，小学校，中学校または高等学校に準ずる教育を施すとともに，障害による学習上または生活上の困難を克服し自立を図るために必要な知識技能を授けることを目的としている（学校教育法第72条）。

　どのような児童生徒が特別支援学校の対象者となるかについては，学校教育法施行令第22条３の就学基準を参照されたい（表11‐2）。これらの児童生徒に加え，言語障害，情緒障害，自閉症スペクトラム障害，学習障害（LD），注意欠陥・多動性障害（ADHD）等を併せもつ児童生徒が在籍している学校もある。特別支援学校では，個別性の高い児童生徒に対し，個別から少人数制による丁寧な指導が展開されている。とりわけ，一般の学校と顕著に異なるのが「自立活動」が教育課程に設置されているという点である。特別支援学校の大きな教育目標は，各々の児童生徒の自立と社会参加であり，その前提として個々の障害による学習上生活上の困難を改善・克服する必要性がある。そのため，教科の指導にこの「自立活動」の指導を組み合わせて実際のカリキュラムを遂行していくのである。自立活動は「健康の保持」「心理的な安定」「人間関係の形成」「環境の把握」「身体の動き」「コミュニケーション」の６つの区分に整理されており，それぞれに３〜５の下位項目が設けられている（6区分27項目）。これらの要素の中から各々の児童生徒の特性や実態に応じた個別指導計画を作成し，教育目標や教育内容が定められていく。

　特別支援学校も基本的には通常の小中学校の学習指導要領に準じた教育内容が提供されることとなっているが，それぞれの障害の特性を踏まえた柔軟なカリキュラム設定や教育環境の保障がなされている。たとえば，知的障害などが

159

表11-2 学校教育法施行令第22条の3に定める就学基準

区　分	障害の程度
視覚障害者	両眼の視力がおおむね0.3未満のもの又は視力以外の視機能障害が高度のもののうち, 拡大鏡等の使用によっても通常の文字, 図形等の視覚による認識が不可能又は著しく困難な程度のもの
聴覚障害者	両耳の聴力レベルがおおむね60デシベル以上のもののうち, 補聴器等の使用によっても通常の話声を解することが不可能又は著しく困難な程度のもの
知的障害者	1　知的発達の遅滞があり, 他人との意思疎通が困難で日常生活を営むのに頻繁に援助を必要とする程度のもの 2　知的発達の遅滞の程度が前号に掲げる程度に達しないもののうち, 社会生活への適応が著しく困難なもの
肢体不自由者	1　肢体不自由の状態が補装具の使用によっても歩行, 筆記等日常生活における基本的な動作が不可能又は困難な程度のもの 2　肢体不自由の状態が前号に掲げる程度に達しないもののうち, 常時の医学的観察指導を必要とする程度のもの
病弱者	1　慢性の呼吸器疾患, 腎臓疾患及び神経疾患, 悪性新生物その他の疾患の状態が継続して医療又は生活規制を必要とする程度のもの 2　身体虚弱の状態が継続して生活規制を必要とする程度のもの

出典：学校教育法施行令より。

あり, 学んだことが断片的になってしまったり定着しにくいような児童生徒に対しては, 実践的で生活に根ざした教育内容の提供が中心となっているであろうし, 視覚障害のある児童生徒が多い学校では, 視覚情報以外の情報保障の充実を重視した教育環境を目にすることができるであろう。

このように, 特別支援学校では自身が経験してきたような「学校の姿」とは異なる風景が見られるかもしれない。これまでの学校観や教育観を広げる絶好の機会と捉え, 多くの学びを獲得してもらいたい。

2012（平成24）年文部科学省は「通常の学級に在籍する発達障害の可能性のある特別な教育的支援を必要とする児童生徒に関する調査結果について」の中で, 知的発達に遅れはないものの学習面または行動面で著しい困難を示すとされた児童生徒の割合が小中学校でおよそ6.5％であると発表した。

また, 表11-2で示した就学基準は, 医療や福祉の発展を受けて2002（平成14）年に改定されたものであるが, このときにあわせて「認定就学制度」もつくられた。認定就学制度とは, 就学基準に該当する児童生徒であっても小中学

校において適切な教育を受けることができる特別な事情があると認められる場合に小中学校に就学させる制度のことを指す。この制度を活用して，すでに多くの障害のある児童生徒が通常学校に在籍していることも考慮すべきであろう。

　2007（平成19）年の学校教育法一部改正によって日本の障害児教育は特殊教育から特別支援教育となり，また，2012年には「共生社会の形成に向けたインクルーシブ教育システム構築のための特別支援教育の推進」が出されたことで，障害のある児童生徒とそうでない児童生徒との共育を指す「インクルーシブ教育」が目指されることとなった。このインクルージョンという趨勢により，通常の学校での障害のある児童生徒の受け入れはますます盛んになってくることが予測される。特別支援学校での介護等体験は，後々居合わせるであろう子どもたちの姿に出会う取組みであるのかもしれないのである。

　とはいえ，わずか2日間の体験で障害に関する知識や技能を獲得することは困難である。後々出会うことがなくとも，障害のある子どもたちの生きる姿や教職員との関わりの様子から，子どもの自然な発達のありようや，本来あるべき学校教育の使命について様々に考える機会を与えてくれるのが特別支援学校である。本来，人間の発達にはデコボコがあり，子ども一人ひとりの価値は唯一無二のものである。にもかかわらず，一つのモノサシで「査定」してしまうような教室，「テストのために勉強する」というように，学びと評価が転倒してしまっている教室，学習の成果を暗記したものの量により測られる（そしてそれがその人の価値にも反映する）教室……特別支援学校での「気づき」は，通常学校のおかしな風景を本来的なそれとして取り戻す契機となるであろう。そのような学びが得られれば，わずか2日間であっても，特別支援学校での体験は非常に有意味な機会となるのである。

3 　教育職と介護等体験

（1）介護等体験の心得

　それでは，実際の介護等体験において，何を学んでくるべきであるのか。ま

た，そのためにはどのような姿勢や態度で臨むべきかについて考えていく。先述したように，介護等体験はその内容については体験先に依存することが多く，そのため得られる学びは体験先や体験生それぞれで多様である。まずはその場所がどのようなところなのか（どのような法に支えられ，何のために誰に開かれたサービス／施設なのか）について知るということが重要である。続いて，介護等体験設立の経緯から学ぶべきことを考えるならば，以下の3点に整理することができるだろう。

① 生活，価値観の多様性への気づき…体験をとおして多様な生き方・価値観に出合い，幅広い人間観を養い，生命の尊重や社会連帯感を促す。利用者がそれぞれどのような生活を送っているのか，それは自身の当たり前とどこが同じでどこが違うのか。そして，「異なる人々」がともにあるために何をどうすればよいのか，具体的なアクションまでも想起できること。

② 対人関係や対人援助の基本的な視点の獲得…体験をとおして人と関わる上で重要な視点や姿勢を学ぶ。コミュニケーションの重要性や多様性について，援助する側／される側の緊張関係について，「自立」とは何か（当事者主権）について等，様々に考えることができること。

③ 人権感覚の洗練…一人ひとりが自身が望む当たり前の暮らしを送る権利を有していることを確認する。誰もが自己実現・成長の可能性をもっているが，それがみえにくくなっていたり妨げられているとすれば，その要因は何なのか，一人ひとりが大切にされる教育・生活のありようとはいかなるものなのかについて考えることができること。

さらに，当然のことながら，7日間受け入れ先での活動に従事するにあたり，自分が社会人としての適性を十分に満たしているのか，ひいては教員免許取得の必要性（自分には本当に教員免許が必要なのかどうか，あるいは自分が教育職に向いているのかどうか等）にも立ち返って，この体験を捉えることも重要である。

介護等体験に臨むにあたっては，児童生徒や施設利用者の安全および人権に十分に留意すること，そのためのリスクを持ち込まないことが重要である。たとえば，体験先で見聞きした個人情報は決して外部に漏らしてはならない。こ

れは，事後どれだけ経っても，という意味である。また，利用者の尊厳を無視した発話や態度などについても，自身で十分に注意を払わなければならない。誰も，他者の安全を脅かしたり人権を侵害したりする権利はないのであるが，一般に，自身がもっている人権感覚は必ずしも研ぎ澄まされていないという自覚のもとでこうした活動に臨むべきである。また，服装や言葉遣いについても，リスクの一つとして点検する必要がある。さらに，いうまでもなく遅刻や欠席，連絡や報告事項，期日の厳守等への留意，ガム，タバコ，携帯電話などの携行品への注意，通勤途中の振る舞いなども自覚をもって行動してもらいたい。

　介護等体験終了後に，受け入れ学校や施設から苦情を受けることがある。内容としてはほとんどが姿勢や態度についての指摘である。「何をしにきたのかよくわからない」というような指摘を受けることがあるのは，体験に臨む者が，自身がこれから過ごす所がどのような施設であるのか，また，その中で自分はどのような目的をもって体験に臨むのかが不明瞭なまま，体験の日を迎えてしまうからである。こうしたことも，介護等体験に関わる「リスク」として未然に回避できることではないだろうか。介護等体験の意義を十分に理解し，謙虚な姿勢，積極的な態度で体験に臨んでほしい。

（2）介護等体験を終えて

　介護等体験を終えると，様々な学びを獲得した自分の姿に出会えるだろう。しかし，体験後の学生の声を集めてみると，なかには「得られるものがあまりないように感じた」「苦労した」「心が折れた」といった感想が漏れ聞こえることもある。まずは，学校や施設の“日常”に自分たちはお邪魔するのだという感覚をもつ必要がある。いろいろなことをやろうという気持ちで臨んでも，実際に学校や施設は忙しい場所で，体験生が参入する余地は少ないかもしれない。わかりやすい形で依頼されたことだけを「任務」と捉えてしまうと，消化不良に陥るだろう。繰り返しになるが，体験生の側の明確な目的が重要なのである。目的が明確であれば，それを達成させる方法はおのずとみえ，自身が取るべき行動がわかる。その結果，「得られるものがない」というふうにはならないは

ずである。

　また，認知症を患ったお年寄りとの関わりに苦労した，障害のある人と長時間単純作業をして精神的に参ってしまったという声も毎年のように聞くが，ここにも考えるべき重要なポイントが隠されている。それは，こうした社会福祉施設の存在意義そのものについてである。どれだけサービスを手厚く受けていても「家に帰りたい」というお年寄りがいる。当たり前ではなかろうか。故郷を離れて仕事に就き，家庭をもち，マイホームを建て，リタイア後の生活を満喫していたところ，ある日介護の対象となり，慣れた自宅を離れざるを得なくなった人が，施設での暮らしを当たり前と感じられないのは当然のことである。あるいは，物心ついてから何でも自分でやってきた人が，赤の他人にかわるがわる身の回りの世話をされることのありがたくも複雑な気持ちも，もって当然の感覚ではないか。さらに，単純作業が向いているとして，毎日何時間も同じ作業をして得られる障害者の賃金は，大学生が居酒屋でアルバイトをするのに比してどれだけのものか。なぜ，障害があれば同じような人たちがひとところに集められているのか，それは当該その人が望む当たり前の暮らしなのか……。

　体験生が「参った」り，「心が折れ」ている場合ではないのだ。わずか数日の滞在でそのような気持ちにさせられる場所を生活の場としている利用者，そしてそこで全力を尽くしている職員の思いを受け取り，そうした場を日常としない自分は何ができるのか，考えるべきである。介護等体験の体験生は，「障害がある」「年をとりすぎている」といった理由で世の中のメインストリームからある意味「排除」されている人々が集うところに，「自身の勉強のため」としてお邪魔するのである。なんとも都合のよい話ではないか。私たちは，社会的に周辺化されている人たちと「ともにある」あり方について，もっと積極的に考え，そうした世の中に対して具体的にアクションを起こすべきである。

［ 4 ］　介護等体験から教育実践の場へ

　認知心理学者の佐伯胖は，その著書『子どもを「人間としてみる」というこ

と』（子どもと保育総合研究所編，2013）の中で，シモーヌ・ヴェイユというフランスの哲学者による隣人愛の考察にふれているのだが，その内容はおおよそ次のようなものである。最後の晩餐のときにキリストが用いた盃を代々引き継いでいる者がいる。その守り人は心身ともにボロボロで瀕死の状態にあり，次に盃を守ってくれる人を求めていた。ではその求める人材とはどのようなものか。それは，瀕死の状態にあるその人に水や食べ物，温かい場所を提供しようとする人ではなく，「あなたはいま，どういう苦しみを体験しているのですか」と問いながら，すぐ隣にいてくれる人である，というのである。対人関係に求められているのは，「その人になってみる（なってみようとする）」力であるということなのである。介護等体験においても，学校の中の教師—生徒関係や，施設での利用者—職員関係の中で，そのような関わりのあり方を目にすることができるだろう。通常の学校教育でも同じである。居合わせる他者を一人の尊厳ある個として尊重する一方で，関わりにおいては「その人になってみる」ことが大切なのであり，そこからしか社会連帯は生まれないのである。

引用文献

ヴェーユ，シモーヌ著，渡辺秀訳（2009）『神を待ちのぞむ［新版］』春秋社。

子どもと保育総合研究所編（2013）『子どもを「人間としてみる」ということ——子どもとともにある保育の原典』ミネルヴァ書房。

（学習の課題）

(1) 介護等体験の受け入れ施設および特別支援学校について，それがどのような施設や機関なのかについて具体的に調べよう。

(2) 介護等体験が，なぜ義務教育段階の教員志望者に必要なのかを，教職に求められる能力や資質の観点から検討してみよう。

【さらに学びたい人のための図書】

全国特別支援学校長会編著（2008）『フィリア——特別支援学校における介護等体験ガイドブック』ジアース教育新社。

⇨特別支援学校での介護等体験にあたって，その心構えや障害種別による関わり

のあり方などについて簡潔に書かれている。

全国社会福祉協議会編（2015）『よくわかる社会福祉施設［第4版］』全国社会福祉協
　議会。
　　⇨社会福祉施設がどのような目的でどのように利用されているのかについて，わ
　　かりやすく整理されている。

（堀家由妃代）

第12章 学校インターンシップ参加学生の キャリア意識

この章で学ぶこと

　最近，大学の授業をしていると，学生からこんな質問を寄せられること
が多くなってきた。「やはり学生の間に学校現場にボランティア活動に参
加したほうがよいのでしょうか」というものである。おそらく，この本を
手に取る皆さんの中にも「自分は先生になりたいんだけれど，学校現場を
知らない」ということに不安を感じている人もいるかもしれない。結論を
先取りする形となるが，現在は学生時代のどこかの時点で，学校現場で教
育実践を行う活動（学校インターンシップやスクールボランティアなど，
以下，現場体験活動）を行うことが，教育委員会からも求められていると
いえる。
　本章では現場体験活動に参加した学生に質問紙調査を行った結果をもと
に，現場での体験に半ば強制的に参加するという現実がどのような教育観
を育てたのかについて考察する。あわせて，学生に実践力を涵養する効果
的な現場体験活動には何が必要なのかについても考えてみたい。

1　教職に就くかどうかを迷う学生たち

　教職課程を履修している学生から「先生，私は教師に向いていると思われま
すか」といったキャリア直結型の問いかけをされる機会が増えてきた。これま
でにも，自身の進路選択に迷う学生は少なくなかったとはいえ，このように自
分の適性を人に問うような質問はほとんど聞かれなかった。最近の大学生には，
教員として実際に教壇に立つ姿を想像して，進路決定に際した不安や迷いを抱
えている姿が多くなってきたように見受けられる。それを学生個人の意思決定
の弱さの問題だと一笑に付してしまうのは，果たして正しいのだろうか。そこ

167

で，まずは教職に就くかどうかを迷う学生の背景にあるものは何かについて考えてみたい。

「学校が楽しくない」という子どもたちからの声は，最近では珍しいことではなくなりつつある。その理由として，「いじめ」や「不登校」「学級崩壊」「学力低下」などの学校の病理現象がある。こうした問題の背景として，最も大きく論じられているのが，学校や子どもたちの変化である。この問題に注目するとき，視野に入れておかなければならない論点は2点ある。

第一に，そもそも子どもは社会の変化に伴って変わるものであり，もう少し限定的にいえば，最近では子どもたちを取り巻く「家庭」や「学校」という主要な要素が変化することによって，必然的に子どもたちも変わらざるを得ない状況となっていることである。

第二は，子どもたちの変化という場合，変化した子どもとは，どのような子を指すのかという点である。それは社会や大人の目から見た場合に，自分たちとは明らかに容姿や価値観が異質な子どものことであり，これまでの学校においては見られなかった理解や解釈ができない子どもたちの増加である。

教職を目指そうとする学生に「ためらい」を生じさせているのは，そうした社会変化による学校の実態や子ども理解への不安があるのかもしれない。

2 若者の職業的社会化という視点

学校から職業への移行（トランジション）をどのように円滑に進めるのかは，先進諸国共通の課題として論じられている。たとえば，この移行が思うように進まなかったために正規雇用での職を得ることができずに，フリーターやニートといった「使い捨てられる」状況へ転落する若者が増加している実態などはその典型例であろう。とくに職業への移行直前にどのような学校に属し，どのような学業成績を修めているのかは，その後の就業状態や彼らの「使い捨てられ」観に大きな影響を与えていることは先行研究からも明らかである（原，2008a）。

こうしたトランジションをめぐる問題は，何も2000年前後に突如発生したものではない。若者の職業的社会化を規定する社会構造を捉える研究は，1980年頃からみられ始めた。たとえば，ウインドルフとウッドら（Windolf and Wood et al., 1988）は，イギリスとドイツの企業人事調査か

図12-1 労働市場の枠組み
出典：岩木，2001，6頁より作成。

ら労働市場の形態を4つの枠組みで捉えることを提案した（図12-1参照）。

図12-1の縦軸は職位の遂行に高度の学歴や資格を必要とするか（第一次労働市場），しないか（第二次労働市場）を分ける軸であり，横軸は職位が組織外部から補充されるか（外部労働市場），組織内部から補充されるか（内部労働市場）を分ける軸である。

岩木秀夫（2001）はウインドルフとウッドらの研究から1970年代のイギリスとドイツの共通の傾向として，内部労働市場のウエイトの増加と学歴主義化の進展，すなわち，②の内部昇進・長期雇用市場へ労働市場の枠組みが変化したことを指摘している（岩木，2001，6頁）。学校卒業後に職場と学校での二重生活を送り，その後，専門労働者資格と学校の修了書を同時に取得後に社会に出る「デュアル・システム*」は内部昇進・長期雇用市場の典型といえよう。

学校から職業への移行期において，将来志向している職業集団に飛び込み，就業訓練を行うことの意義は，労働市場の枠組みが変化し始めた日本の現状にも符合し，とりわけ，学校インターンシップのような現場体験活動の取組みがもつ「効果」と「意義」を明らかにしようとする本章の目的もそこにある。

さて，これまでの大学における教員養成を概観してみると，それは講義を中心とした理論的なプロセスがもっぱらであり，現場での実践活動はわずか数週間に行われる教育実習のみであった。しかし，1997（平成9）年に当時の文部省（現：文部科学省）による「教育改革プログラム」によって，教員養成のカリキュラムにボランティア活動などの教育実践を導入し，大学生のボランティア

活動を普及・奨励することが提言された（文部省，1997）。その背景には，着任時から「即戦力」として学校現場で働くことができる教員育成が目指されたことにある。これは1999（平成11）年の教育職員養成審議会「養成と採用・研修との連携の円滑化について（第3次答申）」においても反映された。大学での教員養成カリキュラムの中に「教員を希望する学生が日常的に学校現場を体験できるような学校の受け入れ態勢を整備する」（教育職員養成審議会，1999）ことが求められるようになり，教師を養成するプロセスに現場での教育活動に参加する取組みの必要性が高まったのである。

> ＊ 「デュアル・システム」とは，ドイツの職業教育訓練のシステムであり，職業学校で理論を学び，企業で実践を学ぶ二元的制度を指す。デュアル・システムには，⑴訓練の場が職業学校と企業であること，⑵職業学校では理論を学び企業では実践を学ぶこと，⑶職業学校は州の主管であり企業での職場実習は連邦政府（連邦教育研究省）の主管であること，という3点のそれぞれに二元性が含まれている。週のうち1〜2日（全訓練時間の約3割）は職業学校で職業に関わる理論教育が，残りの3〜4日（全訓練時間の約7割）は企業で職場実習がそれぞれ行われる。デュアル・システムの訓練生は職業学校の生徒であると同時に，企業と職業訓練契約を結ぶので，訓練生手当が支給されるほか，社会保障制度の対象にもなる。デュアル・システムは主に基幹学校修了者を対象として実施され，幅広い職業に関する基礎知識と，特定の職業に必要な専門能力を身に付け，即戦力となる熟練労働者を養成することを目的とする（労働政策研究・研修機構「公共職業教育訓練　ドイツの公共職業教育訓練」http://www.jil.go.jp/foreign/labor_system/2009_6/german_01.html 2018年5月15日アクセス）。

3 学校現場でのインターンシップが求められてきた背景

役割の多様化した学校の実態や，大人から「異質」と映る子どもたちを理解するため，教員養成課程をもつ大学を中心に教職を志す学生を学校現場に参画させる取組みが数多く行われるようになっている。「学校インターンシップ」などの現場体験活動が，近年急速に広がりをみせた理由は大きく分けて3つあると指摘されている。

第12章 学校インターンシップ参加学生のキャリア意識

1つめに学生から学校現場での体験を望む声が大きくなってきたことである。先生という仕事は，たとえ新任1年目であっても担任を受けもつことが少なくない。大学卒業後，すぐに30〜40人の子どもたちと向き合わなければならない。これは医師や弁護士などほかの専門職ではほとんどみられない，教師独特の特徴といえる。たとえば，医師は免許を取得した後の数年間は研修医（インターン）としてほかの医師からの指導を受けながら研修する期間があり，実際に医師として独り立ちするまでにしかるべき猶予を設けられることが一般的である。しかし，教師は1年目の新人，10年目の中堅，20年目の熟練であっても，子どもたちにとっては同じ「先生」である。採用された途端に学級運営や授業を一人で行わなければならないために，「先生になったときに苦労しないように，学生の頃から学校現場がどうなっているのかを知りたい」と訴える学生が増加したのである。

2つめに，学校現場からの要請がある。首都圏や近畿圏などの都心部を中心に「ティーチング・アシスタント」や「学習支援員」などの子どもたちの学習をサポートする役割を担う学生が多くなっている。これは子どもたちの学力低下の問題との関連が大きいといえよう。「ゆとり教育」路線に沿った学習指導要領の1998（平成10）年改訂によって，指導内容が厳選され，授業時間も削減された。これは，子どもたちの立場からいえば「教科書は薄くなったけれど，よけいに勉強がわかりにくくなった」感がぬぐえず，学習の定着が困難になったと考えられる。

教育現場における大きな関心が「子どもたちの学力をいかに向上させるか」にシフトしつつある現状に鑑みると，放課後や土曜日に子どもたちに学習指導をしてもらえる人材がどうしても必要になってきたのである。国際比較においても忙しいことが明らかにされているわが国の教員が，土曜日等に学習指導を行うことは不可能であった。そのときに，積極的に現場から寄せられたのが「教員を目指す大学生」に手伝ってもらえないかという要請だったのである。

3つめには，教育委員会の即戦力となる教員を採用したいという意図がある。そのためには，学生を実際に学校現場へ入れ，大学の授業ではなかなか知るこ

171

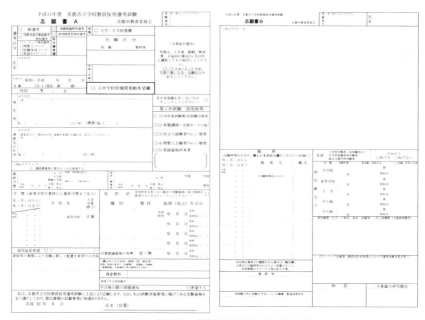

図12-2 京都市立学校教員採用選考試験志願書

とができない教育現場の最前線を見せる必要に迫られたのである。先述したように、教師という仕事は新人であっても授業を行い、学級運営をし、保護者との関係を築かなければならない。したがって、採用した後に研修などで必須のスキルを磨くよりも、採用直後から「待ったなし」でクラス運営や授業をすることができる人材を求める傾向にある。それに加えて、団塊世代の大量退職によって、各教育委員会はよりよい人材を少しでも多く確保しなければならない現実がある。東京都の「東京教師養成塾」や京都市の「京都教師塾」などはその典型であり、前者は2004（平成16）年から、後者は2006（平成18）年から養成を始め、京都教師塾では毎年300人を超える塾生を入塾させている。この現象は、ほかの自治体にも波及しており、2018（平成30）年現在では滋賀県、埼玉県、神奈川県、大阪府堺市、京都府などで導入されている。学校でのインターンシップが急速に広がった理由は、こうした要因が複合的に絡み合った結果とみるのが妥当であろう。

第12章　学校インターンシップ参加学生のキャリア意識

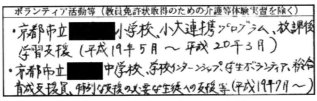

図12-3　採用選考試験志願書の記入例

　こうした経験は教員採用試験でも自身の経験としてアピールできる。図12-2を確認していただきたい。これは2019（平成31）年度の京都市立学校教員採用選考試験の志願書である。おそらく，どの都道府県であっても同様の志願書であることが予想されるが，ここで注目すべきは，右側の志願書Bの右下部分である。

　ここはボランティア活動等を記入する部分になる。したがって，もし，学生時代に一度もボランティア活動をしなかった場合，この欄を書くことができない。志願書は一次試験や二次試験の面接において，資料として利用されるものである。採用担当者は「この受験者はボランティア活動をしているのか」をみるために，この欄を設けているといえる。したがって，教員になりたい学生にとって「ボランティアをしない」という選択肢は実質与えられていないといっても過言ではないといえる。

　ゆえに，受験生の多くは図12-3のように，なるべくボランティア活動の内容や時期についても詳細に記述する必要がある。これは一次試験を免除された学生であっても例外ではない。面接では「ボランティア活動をとおしてどのような点を学びましたか」といった具体的な質問がされる場合が多い。とくに「学校行事に協力的ではない保護者に対して，あなたはどのような対応をしますか」といった，難しい質問が投げかけられることもある。それは「これだけボランティア活動をしたのだから，このくらい答えられるだろう」という採用側の意図があるといえる。もし，ボランティア活動に参加していない場合，この質問に答えることもできない。

　教育委員会の採用担当者の話を聞くと，現場体験活動をしている学生はそう

173

ではない学生と比べ以下の点において優れていると指摘している。①学級経営や授業に積極的に取り組むことができる，②教師としての基本的な心構えはできている，③教師としての自信をもって教壇に立っている，④子どもの心をつかむことが容易である，⑤講師経験者と遜色ない指導力をもっている，⑥児童生徒の力を伸ばすことに意欲的である，⑦先輩教員や保護者に話す言葉遣いがしっかりしている，の7点である。こうした実態から，合格した学生の多くは何かしらの現場体験活動を行っているといえる。

さらに，教育委員会によっては様々なプログラムを実施し，受講した学生は一次試験を免除されるといったものもある。京都府で実施されている「教師力養成講座」では，良好な成績でプログラムを修了し，さらに大学の推薦を受けた学生は一次試験が免除になる制度もある。学校体験活動での経験はますます求められているといえるだろう。

4 現場体験活動とは何か

学校現場において，実際の子どもたちと多様な関わりをもつことができる現場体験活動は，教育委員会や各大学によって名称が異なる。「学校インターンシップ」や「教育体験実習」などと呼ばれるものから，「ボランティア」の延長に位置づけられるものまで様々である。これらの共通点は，活動が長期にわたるものが多いことである。それは，期間が2〜4週間と限定され，集中している教育実習とは異なり，半年から1年間，あるいはそれ以上の期間にわたって，週に一度ずつといった取組みとして実施されることが一般的である。なかには運動会や文化祭などの学校行事にスポット的に入る活動もあるが，その数は決して多くない。したがって，子どもたちと長期的な関わりをもつことになり，その成長を実感したり，時間をかけた現場指導の体系的なあり方を学ぶことが可能となる。

学校での現場体験活動は，大学の教職課程とは別に長期間にわたって学校現場に携わることが可能な新たな仕組みとして積極的に実践されている一方で，

そうした活動そのものに対して疑問が投げかけられていることがわかる。このように評価が揺らぐ背景には，「学校インターンシップに参加した学生にどのような力が身に付いているのか」という視点に立ち，教員に必要な資質を学生がどのように獲得し向上させているのかを評価する研究が，わが国においては僅少であることが指摘できる。

　私たち研究グループは，これまでに教育実習前後に学校インターンシップなどの現場体験活動を行うことで，どのような効果をもたらすのかといった研究を進めてきた。そこで，以下では，これまでの知見を振り返り，学校インターンシップと教育実習がどのような関係にあるのかを概観し，その上で，学校インターンシップに参加する学生はどのような資質を備え，どのような「実践的指導力」が身に付き，それが教員採用試験にどう影響を及ぼすのかについて分析を進めてみたい（原・芦原，2005，2006）。

5 　学校インターンシップの効果とは何か

（1）教育実習との違いは何か

　これまで学校現場における唯一の実践的な取組みとして実施されてきた教育実習の特徴は，「①大学の正規のカリキュラムとして（大学主導型），②教育職員免許取得を前提に（免許所得型），③大学最終学年次に（最終学年型），④実質的な指導を実習校に一任しつつ（実習校一任型），⑤2週間から4週間程度連続して行われる（短期集中型）」の5点だといわれており（佐久間，2003），それは学校インターンシップやボランティアとは本来異なる機能をもつ実践であると考えられている。ここでは活動期間や頻度の異なる教育実習とインターンシップの機能の差についてのデータをみてみたい。

　図12-4および図12-5は2003（平成15）年度に京都市内の4年制A大学の学生を対象に「教育実習とインターンシップに関する調査」を実施した結果である。調査では，教育実習の目的や実習前後の変化について，「教育実習のみ」（「なし」と表記），「教育実習前にインターンシップを経験した」（「前のみ」と表

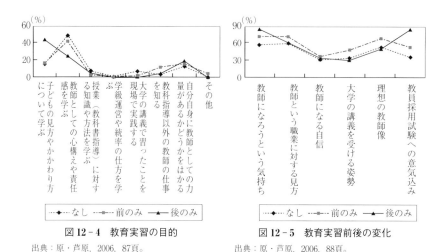

図12-4 教育実習の目的　　　　　図12-5 教育実習前後の変化
出典：原・芦原，2006，87頁。　　　　出典：原・芦原，2006，88頁。

記），「教育実習後にインターンシップを経験した」（「後のみ」と表記）を比較している。

データからは教育実習の目的を「子どもの見方やかかわり方について学ぶ」（なし：16.0％，前のみ：16.9％，後のみ：45.0％）と答えた学生ほど，実習後にインターンシップを行っていることがわかる。逆に，「教師としての心構えや責任感を学ぶ」（なし：50.0％，前のみ：43.1％，後のみ：25.0％）と回答した学生ほど，実習前にインターンシップを行っていることが明らかとなった。すなわち，実習後のインターンシップは，子どもに対する理解の視点をもちやすいのに対し，実習前のインターンシップは教師の教育活動に対して視点が向けられやすいという傾向を示すことがわかったのである。

また，教育実習前後の教職に対する意識の変化についてはどうだろうか。図12-5からは，教育実習前にインターンシップを行った学生は「教師という職業に対する見方」（なし：59.2％，前のみ：72.3％，後のみ：60.0％）や「理想の教師像」（なし：53.5％，前のみ：69.2％，後のみ：50.0％）がよい方向に変化したと答える傾向にある。このように，実習前の現場体験活動と教育実習を組み合わせることによって，教師という職業に対する見方や考え方がプラスに転じる背景には，事前に現場を経験しておくことで教員の動向やものの見方がある程度

理解でき，授業を実際に受けもつことによって，教える側の苦労を現実に即してより具体的に知ることができるからであると考えられる。

それに対して，教育実習後にインターンシップを行った学生は，「教師になろうという気持ち」（なし：57.3%，前のみ：72.3%，後のみ：85.0%）や「教員採用試験への意気込み」（なし：35.7%，前のみ：53.9%，後のみ：85.0%）をさらに強くする傾向がある。教育実習後にも現場体験活動を継続する学生の中には，その理由として「教育実習によって，ぜひ先生になりたいという気持ち（アスピレーション）が強化されたから」とする声が大きいが，「現場の先生から，現場体験の継続を勧められたから」というものも少なくない。そのほとんどが教育実習を成功させた学生であることからみれば，現場から「一本釣り」されているという現実も指摘できる。

こうした現実からは，現場体験活動が教育実習の前か後かのいずれが効果的かという議論よりも，それぞれにインターンシップの果たす機能が異なっており，教職を目指す学生は自分にあわせて，それを上手く組み合わせることが必要であるといえよう。ここでは言及しないが，教育実習の前後に現場体験を実践する（インターンシップ―教育実習―インターンシップ）学生において，その実践効果が最大となることは自明である。

（2）どのような学生が学校インターンシップに参加するのか

次に，教員免許取得を希望する学生の中でも，学校インターンシップに参加する学生にはどのような特徴がみられるのかについて，2007（平成19）年度に京都市内の4年制A大学の学生518名を対象に実施した調査結果から考察してみたい。

表12-1は中学校成績と高等学校成績を3×3のマトリクスにし，そこに学校インターンシップの参加率の高さをあてはめたものである。学校インターンシップに参加する学生が多いのはどの学力に位置するのかをみた場合，一番左上の「上・上，上・中」のセルにいる学生が最も現場体験活動に参加していることがわかる。彼らをひとまず①「優等生タイプ」と命名する。その特徴とし

表 12-1 中学および高等学校での成績×参加率

中学＼高校	上	中	下
上	① 74.6% (n=135)	55.3% (n=52)	③ 67.7% (n=42)
中	53.6% (n=30)	46.0% (n=29)	73.3% (n=11)
下	② 66.7% (n=14)	87.5% (n=7)	46.2% (n=6)

出所：原，2009，46頁。

ては，「先生になりたい」という思いが大学入学当初から強く，中学・高等学校ともに成績は上位であり学校文化との親和性がきわめて強いこと，参加動機としては「いまから教師の仕事がどのようなものかを学ぶため」という意識が強いことである。

　次に現場体験への参加率が高いのが，表中の左下にみられるような中学の成績は振るわなかったにもかかわらず，高等学校で成績が上昇し現場体験活動を行う学生である。彼ら②群を「できない子どもの代弁者タイプ」と名づけた。彼らは中学時代に成績が振るわなかったため，学校の先生とはしばしば対立経験がある。そのときの経験からかできない子どもを支援するために現場を志向するようになり，「自分ならできない子どもの気持ちを理解できる」という自負をもっている場合が少なくない。学校現場では，主として不登校児に対するサポートや，特別な支援を必要とする子どもへの対応に関わることが多い。

　もう一つのコーホートが表中の右上であり，自分が教師に向いているのかどうかの自信がない③「不安定タイプ」とでもいうべき群である。このタイプの学生は自分に教員の適性がないと判断した場合，進路変更することも多い。特徴としては，中学校で成績が上位だったにもかかわらず，高等学校での成績が下降移動したため，「自分への自信を取り戻すために活動する」や，「採用試験対策として活動する」と答える学生が多いことがあげられる。

（3）学校インターンシップの教員採用試験への波及効果

　以上のように，教育実習前後のインターンシップ活動や学生の成績によって彼らの意識は大きく異なることが明らかとなった。そこで，最後にスクールボランティアの活動経験が教員採用試験の合否にどのような影響を与えているの

かについて言及してみたい。

教員採用試験に影響をもつのは「教師は人々から尊敬される職業である」や「教材研究に熱心な教師」であると答えた学生であり，必ずしも「インターンシップの参加期間」が長い学生ほど採用試験に合格しているという結果にはならなかったのである（詳細は原，2009を参照）。したがって，教員採用試験に有利である，といった理由で学校インターン

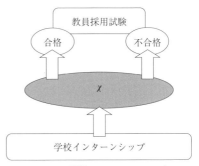

図12-6 学校インターンシップの効果測定モデル

出典：原，2009，48頁。

シップ活動を行ったとしても，その効果はあまり見込めないといえるだろう。しかし，現場体験活動に多く参加した学生ほど教員採用試験に合格しているように実感するのはなぜだろうか。

そこで図12-6のようなモデルを作成して分析を行った。すなわち，学校インターンシップが教員採用試験に直接的な効果をもつのではなく，教員採用試験の合否に影響力を与える項目であるブラックボックス（χと表記）を明らかにし，χに対して学校インターンシップはどのような影響力を与えているのかを明らかにした。図12-7はその分析結果を図表化したものである。

矢印についている数字が大きいほど影響力が大きいといえる。これをみると，学校インターンシップに参加することで，「教員採用試験への意気込み」（0.270）が高まり，「教材研究に熱心な教師」（0.138）を模範とする傾向がみられる。そうした教職に対する意識が教員採用試験に合格する要因（0.153：0.252）となることが明らかとなった。すなわち，単純に学校インターンシップに参加することで教員採用試験に合格するのではなく，学校インターンシップに長く参加すればするほど「何としても教員採用試験に合格したい」という意気込みが上昇し，「教材研究に熱心な先生」を理想の教師だと考えるようになる。これらはいずれも教職へのアスピレーションやステレオタイプの創造を喚起し，その結果，教員採用試験に合格しているという傾向が明らかとなった。

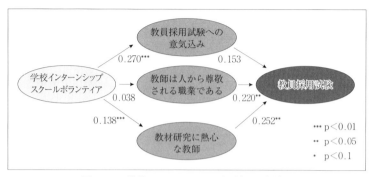

図12-7　学校インターンシップの効果測定結果

出典：原，2008b。

したがって，単に学校インターンシップに参加するだけでは教員採用試験の合格には結びついておらず，むしろ学校インターンシップに取り組むことで教員採用試験に対する意気込みや理想の教師に対する具体的な意識が向上し，それが教員採用試験の合格に好影響を与えている。ゆえに，どのような形態のインターンシップを行えば自分に必要な資質を磨くことにつながるのか，をきちんと理解することが重要となるのである。

(4) 現場体験活動の危うさ

インターンシップが教師を目指す学生にとって大きな役割や効果をもたらすことは，先述の調査結果からも明らかである。実際にインターンシップ活動を行った学生からは，「子どもたちの成長を確認できる」「子どもの視点から授業見学ができる」という点において教育実習よりもインターンシップ活動がより効果をもつとの意見が多く聞かれた。

しかし，学校でのインターンシップなどの活動はよいことばかりなのだろうか。よりよい現場体験活動を行うためには，デメリットについてもきちんと理解することが必要である。ここでは3点について指摘しておきたい。

まず1つめに，学生にかかる負担の問題である。大学が授業の一環として実践活動を行っている場合を除いて，インターンシップはその活動の多くは学生

の授業外の時間に行われることとなる。したがって，学生の側からすれば「教育実習が長くなった」という捉え方もある。実際に，あまりに長期にわたって現場体験活動をしたために，実習前にすでに「燃え尽きて」しまう学生さえも散見されるようになっている。大学の授業やアルバイトなどの時間と現場体験活動との間に，いかにうまく折り合いをつけるのかが今後の課題であるといえよう。

　2つめに，専門的な知識をもたない学生を現場に関わらせることの危うさがある。冒頭に述べたように，現代の学校は様々な子どもに対応しながら日々の教育活動を行っている。いじめや不登校に苦しんでいたり，特別な支援を要する子どもに対して「何をしてはいけないか」や，「どんなことに注意を払わなければならないか」という知識をもたないままに教育現場に入ることは，子どもたちの一生を左右するような取り返しのつかない事態を引き起こす恐れがあることも十分に考えに入れておかなければならない。したがって，子どもたちに対する指導や支援を教える大学での教職専門が重要な位置を占めることは間違いない。また，どのような基準をもって，学生を現場に送り出すのかという約束づくりも大学に求められているといえよう。

　3つめに学生と学校現場とのニーズのミスマッチがあげられる。2011（平成23）年に全国私立大学教職課程連絡協議会が行った調査によると，教職課程を抱える289の私立大学のうち，36.3％が学生の希望と学校現場とのマッチングが合わないことを指摘している（原・浅田，2013）。報告書では2005（平成17）年調査と比較したとき，現場体験活動そのものは7年間で飛躍的に向上したが，その一方で現場のニーズが高くなり，それらに対して学生を割り当てる大学から，「学生の都合のいい時間帯と現場で求められる活動時間や内容にズレが生じる」という声が増えていることを指摘している。2005年の現場体験活動の初期の段階では，現場に入ることを志望する学生がいても，彼らが受け入れてもらえる学校はごく少数であったといえる。その時期から考えると，2011年調査では，現場体験活動を浸透させるといった初期の段階から1つ進み，現場と学生のニーズをどのようにすり合わせるのかが大学に求められていると論じられ

ている。報告書では，大学と現場の距離が近い関東圏や近畿圏はもとより，学校数も少なく，現場が遠方にある北海道，東北，九州などの地域において，学生はやる気もあり，現場も学生を希望しているが，交通手段がない，交通費を支給できないといった問題から，学生を派遣できない問題が指摘されている。

6 まとめにかえて

　最後に，よりよいインターンシップの活用を進めるためには何が考えられるのだろうか。ここで重要になるのは，現場教員や大学教員との関わりである。表12-2は「現場体験活動を円滑にすすめるために必要な援助者」についてたずねた調査の結果である。β 値が高いものほど，現場体験活動を行う上で効果があった変数である。データからは，インターンシップを実践する上で，必要な援助者として最も効果をもつのが「現場教員」(0.37) であることがわかる。

　現場教員は学生の現場体験活動の際に最も身近にいるモデルである。したがって，学生の中に湧き起こる「なぜ？」や，「どう対応すれば？」という疑問に即時的に対応でき，豊富な現場経験に基づく助言は，学生にとって最も有効な示唆となる。また，調査データからは「大学教員」の存在も看過できない。現場での即時的な対応と同時に大学教員のもつ理論とのすり合わせが実践効果を最大にする構造となっているのである。なぜなら，現場実践によって培われた経験（「実践」の知）を普遍的な理論へと導くことが，次に起こりうる困難な事態への適切な対応（「理論」の知）への自信につながるからである。大学で習う理論と実践の統合への仲介者として，大学教員の関わりが必要になると解釈できる。

　インターンシップを実践した学生から，「大学で学んだ理論を現場で確認できた」という声は大きい。それは活動中に学生の内面に理論と実践の統合ができた証左であろう。なぜなら，大学で学んだ内容を現場で確認することによって，学生は大学での教職専門の理論を実感して理解し，それを実践するためにはどのようなことに注意を払わなければならないか，という具体的な指導方法

第12章　学校インターンシップ参加学生のキャリア意識

を考える上でのきっかけとなるからである。したがって，大学―現場―大学といった「スパイラルな学び」を継続することが，インターンシップの効果を最大限に発揮することになるのではないだろうか。

表12-2　現場体験活動を円滑にすすめるために必要な援助者

変　　数	β
友達と相談した	-0.02
大学教員に相談した	0.08
現場教員に相談した	0.37

出典：原，2008b。

　たとえば，筆者のゼミに所属する学生は，ゼミの時間を活用して，ボランティア活動で疑問に思ったことを大学にもち帰り，ゼミ仲間でディスカッションのテーマとしている。当然ゼミでの話なので，筆者もその議論に加わる。ゼミの学生のほとんどがボランティア活動をしており，自分たちの経験から対応策を考えようとする。教員も教育学の知見からアドバイスをすることもある。大学で話し合ったことをもとに，学生は再びボランティア活動に戻り，実践できるかどうかを検証する。そのあとに，現場の先生方にアドバイスをもらう。上記のやり取りを何度も繰り返すことで，「自分が教師になった場合，どのように子どもを指導するのか」という実践的指導力が身に付く。現場体験活動を有意義にするポイントは，こうした現場で得た気づきをいかに大学での学びに還元するかという絶え間ないやり取りが必要となる。

　これを教育実習前のインターンシップとの関係にあてはめて考えるならば，「大学での基礎的な学び―インターンシップ―大学での確認―教育実習」といった図式がスパイラルな学びの構造となる。すなわち，効果的にインターンシップを活用するならば，ただ単に学校実践に関わればよいのではなく，そこでの気づきと疑問をもう一度大学での学びに展開した上で，教育実習に出るくらいの心構えが求められよう。よりよい現場体験を進める上で，大学での理論的学びの果たしている意味は決して小さくはないのである。

引用文献

岩木秀夫（2001）「学校から職業への移行」矢島正見・耳塚寛明編著『変わる若者と職業世界』学文社，6頁。

教育職員養成審議会（1999）「養成と採用・研修との連携の円滑化について（第3次

答申）」12月10日。

佐久間亜紀（2003）「教育実習の多様化——動向と課題」『東京学芸大学紀要第一部門教育科学』Vol. 54，349〜359頁。

原清治（2008a）「『使い捨てられる若者』の排出過程に関する実証的研究——人的資本から教育資本へ」『佛教大学教育学部学会紀要』第 7 号，59〜72頁。

原清治（2008b）「現場で育つ理論知と実践知」日本教師教育学会第18回研究大会課題研究発表資料。

原清治（2009）「現場体験活動は教員志望者の実践力を涵養するのか」『佛教大学総合研究所紀要』第16号，35〜51頁。

原清治・芦原典子（2005）「実践的教員養成のあり方に関する研究 I 」『佛教大学教育学部論集』第16号，131〜148頁。

原清治・芦原典子（2006）「実践的教員養成のあり方に関する研究 II 」『佛教大学教育学部論集』第17号，81〜98頁。

原清治・浅田瞳（2013）「アンケート調査の概要」全国私立大学教職課程連絡協議会『教職課程における学校現場体験活動の実態に関する調査報告書』 9 〜10頁。

文部省（1997）「教育改革プログラム」。

Windolf, P. and S. Wood with H. W. Hohn, and T. Manwaring (1988) *Recruitment and Selection in the Labor Market*, Avebury.

──学習の課題──

(1)　実際に学校インターンシップに参加して，自身の意識がどのように変化したか，前後を含めて細部まで考えてみよう。

(2)　自身の学校インターンシップについて，とくに印象に残った点，反省点，改善点などについて話し合って，他学年の人とも共有してみよう。

【さらに学びたい人のための図書】

佐々木正道編著（2003）『大学生とボランティアに関する実証的研究』ミネルヴァ書房。

　　⇨大学生のボランティア活動についての実証的研究に基づき，学際的・多角的視野に立ち，災害時のみならず環境保護や社会福祉を含む広範囲まで意欲的に論じている。

＊　本章は拙著（2016）「学校インターンシップ参加学生のキャリア意識の育成」田島充士・溝上慎一ほか編著『学校インターンシップの科学』ナカニシヤ出版の論稿をもとに加筆修正したものである。

（原　　清治）

第13章 教職実践演習

この章で学ぶこと

　「教職実践演習」は，中央教育審議会「今後の教員養成・免許制度の在り方について（答申）」（2006（平成18）年）において，新設することが提起された科目である。教育職員免許法施行規則（2017（平成29）年11月改正）においては，これまでの内容を踏襲し，「教職実践演習は，当該演習を履修する者の教科及び教職に関する科目（教職実践演習を除く。）の履修状況を踏まえ，教員として必要な知識技能を修得したことを確認するものとする」と規定されている。教職課程の学びの集大成として位置づけられる教職実践演習とは，どのような科目であり，どういった目標を達成することが求められているのか。本章でその詳細を学びたい。

1　教職実践演習導入の背景

　2017（平成29）年度の学習指導要領改訂をめぐる議論の中では，「何を知っているか」から「何ができるか」に発想を転換する必要があることが様々に指摘されてきた。もちろん，両者を二項対立的に捉えることは現実的ではなく，実際には，両者のバランスを取ることが必要である。履修主義から修得主義への転換ともいえる近年の動向は，OECD の国際学力調査（PISA）やその基礎となるキー・コンピテンシー等の新しい能力観に端を発している。このような新しい能力観への転換は，小学校，中学校，高等学校の児童生徒のみを対象とするのではなく，社会人基礎力，学士力，グローバル人材育成等の文脈において，大学生や社会人を含めた議論として展開している。

　教員養成の領域においても，教職課程の履修によって教育職員免許状取得のための単位を積み重ねることが，必ずしも教員としての基礎的な力量を獲得し

ていることを保証するものとなっていないことが，常に批判の的となってきた。また，教員の大量退職時代を迎える中で，教員の年齢構成が大きく変化していること，少子化によって小学校を中心に一つの学校内での学級数と教員数が減少していること，教育課題が年々複雑化していることなどによって，新任教員であっても「即戦力」であることが求められるようになってきた。つまり，大学を卒業し，教育職員免許状を取得する段階で，教員生活を円滑にスタートできる能力をしっかりと獲得していることが，よりいっそう必要とされる時代となっているのである。

　こういった時代背景の中で，教職課程の単位取得の有無のみならず，教員に求められる基礎的な資質能力が獲得されているか否かを，教職課程を設置する大学の責任において確認した上で，教育職員免許状を取得させるべきだという議論が展開した。その最終確認を行うための科目として設置されたのが「教職実践演習」である。中央教育審議会答申「今後の教員養成・免許制度の在り方について」（2006（平成18）年，以下，平成18年答申）では，「今後，教職課程の履修を通じて，教員として最小限必要な資質能力の全体について，確実に身に付けさせるとともに，その資質能力の全体を明示的に確認するため，教職課程の中に，新たな必修科目（「教職実践演習（仮称）」）を設定することが適当である」と導入の理由を説明している。このような教職実践演習は，教職課程全体の学びを俯瞰しながら，教員に求められる基礎的な資質能力が備わっているか最終的に確認することを目的としているため，原則として最終学年に配置されることとなる。

2　教職実践演習における到達目標

　教職実践演習では，教員として必要な資質能力の確実な確認を行うために，次の4つの事項を含むこととされている。
① 　使命感や責任感，教育的愛情等に関する事項
② 　社会性や対人関係能力に関する事項

③ 幼児児童生徒理解や学級経営等に関する事項

④ 教科・保育内容等の指導力に関する事項

　これら4項目を，授業科目の中でどのように取り扱うのかについては，基本的に各大学の判断に委ねられている。平成18年答申においても，「教職実践演習（仮称）の趣旨を考慮すれば，授業内容については，課程認定大学が有する教科に関する科目及び教職に関する科目の知見を総合的に結集するとともに，学校現場の視点を取り入れながら，その内容を組み立てることが重要である」という原則的な考え方が示されている。このように，上記の4項目の取り扱い方のみならず，教職課程の多様な科目での学修内容を統合させる方法，教育委員会や学校関係者などの外部人材の活用方法，フィールドワーク等の組み入れ方なども各大学の判断によるところとなる。各大学が定めている「育成する教員像」に照らし合わせながら，創意工夫をこらした教職実践演習の授業が計画されている。

　その一方で，平成18年答申においては，表13-1のように教職実践演習の到達目標や確認指標を例示しており，その内容を参考にしながら授業内容を構想している大学も多い。表13-1の各「到達目標」の達成度を参照しながら，教員としての基本的な資質能力が獲得されているかどうかを確認し，仮に不十分な点があれば，その課題を授業の中で補い，教員免許の取得の可否を大学として最終判断するというのが教職実践演習に課せられた所与の目的である。

表13-1　教職実践演習の到達目標及び確認指標例

含めることが必要な事項	到達目標	目標到達の確認指標例
1．使命感や責任感，教育的愛情等に関する事項	○　教育に対する使命感や情熱を持ち，常に子どもから学び，共に成長しようとする姿勢が身に付いている。 ○　高い倫理観と規範意識，困難に立ち向かう強い意志を持ち，自己の職責を果たすことができる。 ○　子どもの成長や安全，健康を	○　誠実，公平かつ責任感を持って子どもに接し，子どもから学び，共に成長しようとする意識を持って，指導に当たることができるか。 ○　教員の使命や職務についての基本的な理解に基づき，自発的・積極的に自己の職責を果たそうとする姿勢を持っているか。 ○　自己の課題を認識し，その解決に向けて，自己研鑽に励むなど，常に学び続けようとする姿勢を

	第一に考え，適切に行動することができる。	持っているか。 ○ 子どもの成長や安全，健康管理に常に配慮して，具体的な教育活動を組み立てることができるか。
2．社会性や対人関係能力に関する事項	○ 教員としての職責や義務の自覚に基づき，目的や状況に応じた適切な言動をとることができる。 ○ 組織の一員としての自覚を持ち，他の教職員と協力して職務を遂行することができる。 ○ 保護者や地域の関係者と良好な人間関係を築くことができる。	○ 挨拶や服装，言葉遣い，他の教職員への対応，保護者に対する接し方など，社会人としての基本が身についているか。 ○ 他の教職員の意見やアドバイスに耳を傾けるとともに，理解や協力を得ながら，自らの職務を遂行することができるか。 ○ 学校組織の一員として，独善的にならず，協調性や柔軟性を持って，校務の運営に当たることができるか。 ○ 保護者や地域の関係者の意見・要望に耳を傾けるとともに，連携・協力しながら，課題に対処することができるか。
3．幼児児童生徒理解や学級経営等に関する事項	○ 子どもに対して公平かつ受容的な態度で接し，豊かな人間的交流を行うことができる。 ○ 子どもの発達や心身の状況に応じて，抱える課題を理解し，適切な指導を行うことができる。 ○ 子どもとの間に信頼関係を築き，学級集団を把握して，規律ある学級経営を行うことができる。	○ 気軽に子どもと顔を合わせたり，相談に乗ったりするなど，親しみを持った態度で接することができるか。 ○ 子どもの声を真摯に受け止め，子どもの健康状態や性格，生育歴等を理解し，公平かつ受容的な態度で接することができるか。 ○ 社会状況や時代の変化に伴い生じる新たな課題や子どもの変化を，進んで捉えようとする姿勢を持っているか。 ○ 子どもの特性や心身の状況を把握した上で学級経営案を作成し，それに基づく学級づくりをしようとする姿勢を持っているか。
4．教科・保育内容等の指導力に関する事項	○ 教科書の内容を理解しているなど，学習指導の基本的事項（教科等の知識や技能など）を身に付けている。 ○ 板書，話し方，表情など授業を行う上での基本的な表現力を身に付けている。 ○ 子どもの反応や学習の定着状況に応じて，授業計画や学習形態等を工夫することができる。	○ 自ら主体的に教材研究を行うとともに，それを活かした学習指導案を作成することができるか。 ○ 教科書の内容を十分理解し，教科書を介して分かりやすく学習を組み立てるとともに，子どもからの質問に的確に応えることができるか。 ○ 板書や発問，的確な話し方など基本的な授業技術を身に付けるとともに，子どもの反応を生かしながら，集中力を保った授業を行うことができるか。 ○ 基礎的な知識や技能について反復して教えたり，板書や資料の提示を分かりやすくするなど，基礎学力の定着を図る指導法を工夫することができるか。

出典：中央教育審議会，2006より。

第13章　教職実践演習

③　履修カルテを活用した振り返りと自己研鑽の明確化

　教員として求められる最小限の資質能力の獲得を確認するとしても，半期 2 単位の科目として配置されることの多い教職実践演習の授業時間の中だけで，資質能力を確認することは実際には困難である。そこで，大学における教職指導を充実させる意味もあり，教職実践演習の導入とともに提起されたのが，教職課程における履修カルテの作成である。

　履修カルテは，入学後（教職課程履修開始後）から自らの教職課程の学びの内容や，その理解度・達成度などを自己分析によって記載することを基本としており，いわば教職課程の全般的な学修についてのポートフォリオ的な役割を果たすものである。定期的に各段階での履修状況，教職への意識，到達度等を履修カルテに記入することで，自らの意識や到達度の変化を自覚することに役立てることができる。また，担当教員から適宜コメントをもらうことで，自分の到達度や教職課程への取組み方などを，他者からの視点も加味しながら見直すきっかけとすることもできる。さらに，平成18年答申でも提起されている充実した履修指導のための一助として役立てるために，教職課程の履修期間中，各大学の判断で多様に活用されている。履修カルテの記入を教職実践演習の受講条件にしている大学があるのは，履修カルテに未記入の状態では，教職履修全体の学びを的確に振り返るための資料がないこととなり，自らの課題を明確にして，その克服に取り組むという教職実践演習の目的が達せられないからである。

　ちなみに，平成18年答申等では，履修カルテにおける自己評価シートのモデルとして，表13 - 2 の内容を示している。

　表13 - 2 に示すモデルでは， 2 年次， 3 年次， 4 年次のそれぞれの段階において，各項目の到達度を 1 ～ 5 の数値で記入するようになっている。これは，文部科学省の発行する『教職課程認定申請の手引き』等で紹介されているモデルであるが詳細に内容が提示されているため，自らの教職課程の学びの確認の

189

表 13-2 履修カルテのモデル

		必要な資質能力の指標	
項　目	項　目	指　標	平成18年答申との対応
学校教育についての理解	教職の意義	教職の意義や教員の役割，職務内容，子どもに対する責務を理解していますか。	使命感や責任感，教育的愛情
	教育の理念・教育史・思想の理解	教育の理念，教育に関する歴史・思想についての基礎理論・知識を習得していますか。	使命感や責任感，教育的愛情
	学校教育の社会的・制度的・経営的理解	学校教育の社会的・制度的・経営的理解に必要な基礎理論・知識を習得していますか。	使命感や責任感，教育的愛情
子どもについての理解	心理・発達論的な子ども理解	子ども理解のために必要な心理・発達論的基礎知識を習得していますか。	生徒理解や学級経営
	学習集団の形成	学習集団形成に必要な基礎理論・知識を習得していますか。	生徒理解や学級経営
	子どもの状況に応じた対応	いじめ，不登校，特別支援教育などについて，個々の子どもの特性や状況に応じた対応の方法を理解していますか。	生徒理解や学級経営
他者との協力	他者意見の受容	他者の意見やアドバイスに耳を傾け，理解や協力を得て課題に取り組むことができますか。	社会性や対人援助能力
	保護者・地域との連携協力	保護者や地域との連携・協力の重要性を理解しています。	社会性や対人援助能力
	共同授業実施	他者と共同して授業を企画・運営・展開することができますか。	社会性や対人援助能力
	他者との連携・協力	集団において，他者と協力して課題に取り組むことができますか。	社会性や対人援助能力
	役割遂行	集団において，率先して自らの役割を見つけたり，与えられた役割をきちんとこなすことができますか。	社会性や対人援助能力
コミュニケーション	発達段階に対応したコミュニケーション	子どもたちの発達段階を考慮して，適切に接することができますか。	社会性や対人援助能力
	子どもに対する態度	気軽に子どもと顔を合わせたり，相談に乗ったりするなど，親しみを持った態度で接することができますか。	生徒理解や学級経営
	公平・受容的態度	子どもの声を真摯に受け止め，公平で受容的な態度で接することができますか。	生徒理解や学級経営
	社会人としての基本	挨拶，言葉遣い，服装，他の人への接し方な	社会性や対人援助能力

第13章　教職実践演習

		ど，社会人としての基本的な事項が身についていますか。	
教科・教育課程に関する基礎知識・技能	社会科	これまで履修した社会科教育分野の科目の内容について理解していますか。	教科の指導力
	教科書・学習指導要領	教科書や中学校学習指導要領（社会編）の内容を理解していますか。	教科の指導力
	教育課程の構成に関する基礎理論・知識	教育課程の編成に関する基礎理論・知識を習得していますか。	教科の指導力
	道徳教育・特別活動	道徳教育・特別活動の指導法や内容に関する基礎理論・知識を習得していますか。	教科の指導力
	総合的な学習の時間	「総合的な学習の時間」の指導法や内容に関する基礎理論・知識を習得していますか。	教科の指導力
	情報機器の活用	情報教育機器の活用に係る基礎理論・知識を習得していますか。	教科の指導力
	学習指導法	学習指導法に係る基礎理論・知識を習得していますか。	教科の指導力
教育実践	教材分析能力	教材を分析することができますか。	教科の指導力
	授業構想力	教材研究を生かした社会科の授業を構想し，子どもの反応を想定した指導案としてまとめることができますか。	教科の指導力
	教材開発力	教科書にある題材や単元等に応じた教材・資料を開発・作成することができますか。	教科の指導力
	授業展開力	子どもの反応を生かし，皆で協力しながら授業を展開することができますか。	教科の指導力
	表現技術	板書や発問，的確な話し方など授業を行う上での基本的な表現の技術を身に付けていますか。	教科の指導力
	学級経営力	学級経営案を作成することができますか。	生徒理解や学級経営
課題探求	課題認識と探求心	自己の課題を認識し，その解決にむけて，学び続ける姿勢を持っていますか。	生徒理解や学級経営
	教育時事問題	いじめ，不登校，特別支援教育などの学校教育に関する新たな課題に関心を持ち，自分なりに意見を持つことができていますか。	使命感や責任感，教育的愛情

出典：文部科学省初等中等教育局教職員課編『教職課程認定申請の手引き（平成31年度開設用）』210〜
　　211頁。

ためには参考となろう。ただし，実際の「履修カルテ」の項目や記入の時期等は，各大学が独自に決めているため，所属する大学が定める内容・方法に沿って，自らの学びの記録を残し，学びを振り返っていく必要がある。

　教職実践演習において，自らの作成した履修カルテを確認しながら，教職課程の学修の中で，どのように自分が成長してきたのかを振り返りつつ，教員として最小限必要となる資質能力の獲得の程度を確認することが，まず大切となる。

〔 4 〕 授業内容の事例

　教職課程の学びといっても，教員養成系大学・学部の教職課程，教育系学部の教職課程，一般学部の教職課程，短期大学や通信制課程の教職課程など，多様である。各課程の学びのあり方や育成を目指す教員像も異なるため，それらの学びを総括するために適切な教職実践演習の授業内容も，必然的に大学や課程によって異なることになる。各大学の教職課程の特色を反映しながら具体的な授業計画が作成されるが，平成18年答申では，表13-3のような授業内容が例示されている。

　表13-3にみるように，教職課程の各科目で学修した知識の定着状況を確認するのではなく，役割演技（ロールプレーイング）やグループ討議，事例研究，現地調査（フィールドワーク），模擬授業等を組み入れながら，想定される実際の教育場面の中において対応できる資質能力が備わっているか確認することが目指されていることがわかる。

　近年，教職課程の学修において重要とされている視点として，「理論と実践の融合・往還」や「反省的実践家としての教師像」がある。「理論と実践の融合・往還」は，教職大学院をはじめ，他の専門職養成においてもキーワードとされている。教職課程を履修している学生時代は，どうしても，大学での学びは「理論」，学校現場での学校インターンシップや教育実習は「実践」と捉え，両者を分断して考えてしまう傾向にある。教職課程においては，実践から導き出された理論も多く学ぶであろうし，実践の中に理論がないという見方も正し

第13章　教職実践演習

表13-3　「教職実践演習」の授業内容例

授業内容例	含めることが必要な事項との関連
○様々な場面を想定した役割演技（ロールプレーイング）や事例研究のほか，現職教員との意見交換等を通じて，教職の意義や教員の役割，職務内容，子どもに対する責務等を理解しているか確認する。	主として1に関連
○学校において，校外学習時の安全管理や，休み時間や放課後の補充指導，遊びなど，子どもと直接関わり合う活動の体験を通じて，子ども理解の重要性や，教員が担う責任の重さを理解しているか確認する。	主として1，3に関連
○役割演技（ロールプレーイング）や事例研究，学校における現地調査（フィールドワーク）等を通じて，社会人としての基本（挨拶，言葉遣いなど）が身に付いているか，また，教員組織における自己の役割や，他の教職員と協力した校務運営の重要性を理解しているか確認する。	主として2に関連
○関連施設・関連機関（社会福祉施設，医療機関等）における実務実習や現地調査（フィールドワーク）等を通じて，社会人としての基本（挨拶や言葉遣いなど）が身に付いているか，また，保護者や地域との連携・協力の重要性を理解しているか確認する。	主として2に関連
○教育実習等の経験を基に，学級経営案を作成し，実際の事例との比較等を通じて，学級担任の役割や実務，他の教職員との協力の在り方等を修得しているか確認する。	主として2，3に関連
○いじめや不登校，特別支援教育等，今日的な教育課題に関しての役割演技（ロールプレーイング）や事例研究，実地視察等を通じて，個々の子どもの特性や状況に応じた対応を修得しているか確認する。	主として3に関連
○役割演技（ロールプレーイング）や事例研究等を通じて，個々の子どもの特性や状況を把握し，子どもを一つの学級集団としてまとめていく手法を身に付けているか確認する。	主として3に関連
○模擬授業の実施を通じて，教員としての表現力や授業力，子どもの反応を活かした授業づくり，皆で協力して取り組む姿勢を育む指導法等を身に付けているか確認する。	主として4に関連
○教科書にある題材や単元等に応じた教材研究の実施や，教材・教具，学習形態，指導と評価等を工夫した学習指導案の作成を通じて，学習指導の基本的事項（教科等の知識や技能など）を身に付けているか確認する。	主として4に関連

注：「含めることが必要な事項との関連」で示されている数字は，本章187～188頁に示した4つの事項に
　　対応している。
出典：中央教育審議会，2006より。

193

くはない。「理論と実践の融合・往還」にも多様な解釈があり，一概には捉えることができないとはいえ，教職課程の総仕上げとして，両者の融合・往還を実現することを各自が意識しながら，学びに取り組むことが重要である。

　また，「反省的実践家としての教師像」は，教育現場の文脈性を意識しながら，常に自らの実践や行為の振り返りと改善によって成長していく教師モデルであり，教職実践演習でも重視されるべき視点といえる。

　学生時代は，現職教員と違い，教育経験といえば，学校インターンシップや教育実習等の機会に限られていることが多い。そのため，教職実践演習の学びのスタート段階において，教職課程全般の学びとともに，教育実習をはじめとする自らの学校現場体験を振り返りながら，自己の課題を見出していくことが肝要となる。「楽しかった」「うまくいった」「よい経験だった」というようなレベルの振り返りでは，自らの課題を見出すことはできない。たとえば，教科指導面では，具体的に，授業のどういった部分に課題があったのか，それは何に原因があるのか。生徒指導面では，幼児児童生徒との関わりの中で，どこに困難さがあり，その原因は何か。学級や部活動等での場面では，どうであったのかなど，これまでに紹介してきた教職実践演習の到達目標及び確認指標例（表13-1），履修カルテのモデル（表13-2），そして，各大学が用いている履修カルテや教育実習簿などを参考にしながら検討していく必要がある。それらをとおして，できる限り具体的な場面の中で自身の到達度や課題を考え，教職実践演習で取り組む自己研鑽課題を明らかにしていきたいものである。

　なお，教育実習の後は，経験した学校現場の状況がすべてであると思いがちである。個々人の経験や思いは大切にしながらも，その一方で教職実践演習の中では，多様な学校現場で経験してきた仲間と意見交換することで，自分の経験を相対化していく作業も忘れてはならない。「自分の教育実習校では，こうであったが，他の学校では違うかもしれない」などと，判断を留保する姿勢も忘れないようにしたい。

第13章　教職実践演習

⑤　教員に求められる資質能力の2つの側面

　これまで述べたように，教職課程の学修をとおして，教員に求められる最小限の資質能力を獲得しているか否かを判断し，不足している部分を補うことを目的に教職実践演習は導入された。その一方で，教員に求められる基礎的な資質能力とは何かについて，厳密に定義することは困難な作業でもあり，これまでも様々な見解が示されてきた。たとえば，「教員に求められる資質能力」の一例として，よく紹介される1997（平成9）年の教育職員養成審議会「新たな時代に向けた教員養成の改善方策について（第1次答申）」では，「地球的視野に立って行動するための資質能力」「変化の時代を生きる社会人に求められる資質能力」「教員の職務から必然的に求められる資質能力」に分けて提示していることは，第1章でも述べたとおりである。

　同答申では，上記3つの資質能力は，これからの時代の教員に求められる共通の資質能力とされる一方で，同時に「得意分野を持つ個性豊かな教員の必要性」についても，次のように言及している。

　教員には多様な資質能力が求められ，教員一人一人がこれらについて最小限必要な知識，技能等を備えることが不可欠である。しかしながら，すべての教員が一律にこれら多様な資質能力を高度に身に付けることを期待しても，それは現実的ではない。むしろ学校では，多様な資質能力を持つ個性豊かな人材によって構成される教員集団が連携・協働することにより，学校という組織全体として充実した教育活動を展開すべきものと考える。（中略）今後における教員の資質能力の在り方を考えるに当たっては，画一的な教員像を求めることは避け，生涯にわたり資質能力の向上を図るという前提に立って，全教員に共通に求められる基礎的・基本的な資質能力を確保するとともに，さらに積極的に各人の得意分野づくりや個性の伸長を図ることが大切である。

　教員としての資質能力といえば，一般には，「教員の職務から必然的に求められる資質能力」のみをイメージすることが多いであろう。それゆえに，教職

195

実践演習の到達目標や履修カルテの例示では，「教員の職務から必然的に求められる資質能力」に関わる内容が示されることが多い。しかし，その一方で，「地球的視野に立って行動するための資質能力」「変化の時代を生きる社会人に求められる資質能力」についても，今後の教員に求められる資質能力として示されている点は忘れてはならない。これらの資質能力は，教職課程の学びの中のみで獲得されるものではなく，大学の学びの総体として獲得される側面が強く，それらを獲得する場面では，教職の学びと意識されることは少ないかもしれない。「開放制の原則」によって教員養成がなされている日本では，必要条件を整備し，文部科学省から教職課程の認定を受けることで，大学の設置形態にかかわらず，教職課程を置くことができる。そのため，実際には，教員養成系学部，教育系学部，一般学部等，学部・学科の教育目標との関係で，教職課程は，多様に位置づけられている。教職実践演習では，教員の資質能力を狭く限定して考えたり，教職課程の必修科目の中だけで考えるのではなく，所属する学部・学科の特性に応じた大学全体での学びを振り返ることによって，「全教員に共通に求められる基礎的・基本的な資質能力」と「各人の得意分野づくりや個性の伸長」の両者の視点から自己の到達度を検証していくことも重視したい。

6 「教職実践演習」から教員へ

　教職実践演習の履修の後，4月から教壇に立つ人も多いであろう。先に述べた教育職員養成審議会答申では，教員養成の段階の役割を，「専攻する学問分野に係る教科内容の履修とともに，教員免許制度上履修が必要とされている授業科目の単位修得等を通じて，教科指導，生徒指導等に関する『最小限必要な資質能力』（採用当初から学級や教科を担任しつつ，教科指導，生徒指導等の職務を著しい支障が生じることなく実践できる資質能力）を身に付けさせる過程」であるとしている。同時に，学校における教育課題の複雑化や深刻化，資質能力や見方・考え方の育成を重視する授業の重視，社会に開かれた教育課程の実現など，

第13章　教職実践演習

教員に求められる力は，年々，変化している。また，専門職として教職を位置づけるために，「技術的熟達者」から「反省的実践家」へと，教師像も転換していることも忘れてはならない。

　現在は，学校，教員等に対する負の情報が巷には溢れており，卒業後の教員生活に不安を抱えている人も多いかもしれない。幼児児童生徒の成長に直接関わる教員の役割と責任は大きく，安易な気持ちで勤まる仕事ではないことは確かである。また，目の前の幼児児童生徒にとっては，新人であろうが，ベテランであろうが，一人の教員であることには変わりなく，教職課程の履修をとおして，必要な力を身に付けてから教壇に立つことは不可欠である。しかし，だからといって，教員に求められる資質能力は，大学生活の中だけで獲得できるものではない。現在の教員養成・教員研修改革のキーワードが「学び続ける教員」であるように，教員としての資質能力は，生涯にわたる学びをとおして獲得されるものである。教員のライフステージに見合った経験をし，研修に取り組むことで，資質能力は，より高度なものとなっていくのである。教職実践演習では，自らの不足部分を見つけ出すことに終始するのではなく，得意な部分や個性，教員としての特性を確認しながら，「学び続ける教員」となるために必要な事項を確認することも必要となる。大学の教職課程の学びは，30年以上続く教員生活のほんの入口に過ぎない。教科指導，生徒指導などを行うための基礎的能力を獲得するだけではなく，生涯にわたって，高度専門職として，学び続けることができる力を獲得することも，現在の教職課程の学びには求められていることを忘れないようにしたい。

引用文献

教育職員養成審議会（1997）「新たな時代に向けた教員養成の改善方策について（第1次答申）」7月1日。

中央教育審議会（2006）「今後の教員養成・免許制度の在り方について（答申）」7月11日。

> **学習の課題**
>
> (1) これまでに記入した「履修カルテ」を参照しながら，教職課程や大学での学び
> を振り返り，教員に求められる最小限必要な資質能力が，どの程度獲得できてい
> るのか考えてみよう。
>
> (2) 教育実習簿等を参照しながら，教育実習の経験を，教科指導，教科外指導，生
> 徒指導等の面から振り返り，うまくいった点や課題の残った点を明らかにしてみ
> よう。
>
> (3) 上記を踏まえながら，自分に不足している部分とその原因を明らかにしながら，
> 不足する部分を補うための学習を進めてみよう。

【さらに学びたい人のための図書】

武田信子・金井香里・横須賀聡子編（2016）『教員のためのリフレクション・ワーク
ブック』学事出版。
⇨教員が実践を振り返るための基本的な枠組みや方法について，学術的な内容を
踏まえつつも，簡潔にまとめられており，教職実践演習においての振り返りに
も大いに参考となる。

原田恵理子・森山賢一編（2014）『自己成長を目指す教職実践演習テキスト』北樹出
版。
⇨教職実践演習において確認しておきたい教職に関する基本的事項がわかりやす
く整理されており，教職実践演習の学びの参考にしたい。

田中耕治編（2005）『時代を拓いた教師たち』日本標準。
⇨戦後日本における代表的な実践者たちの実践内容や現代への示唆などが端的に
整理されている。先人たちの著名な実践を知ることをとおして，自らの実践の
振り返りや次の実践へのヒントを与えてくれる。

ショーン，ドナルド著，佐藤学・秋田喜代美訳（2001）『専門家の知恵』ゆみる出版。
⇨専門家像を大きく転換させる「反省的実践家」モデルを提起したドナルド・
ショーンの著書の邦訳書であり，教職実践演習の履修のみならず，これから教
師を目指す者にとっては必読書である。

（森田真樹）

索　引

あ 行

インクルーシブ教育　161

か 行

介護等体験　152
開放制の原則による教員養成　3
各教科等を合わせた指導　139
学習指導　41
学習指導案　26,49,104,146
学習指導要領　94
学年経営　35
学級経営　36
学校インターンシップ　2,3,167
学校教育計画　127
学校教育法　93
学校組織　30
学校体験活動　5
学校ボランティア　2,3
学校マネジメント　121
学校要覧　109
課程認定制度　4
キャリア形成　74
教育課程　135
教育基本法　16,93
教育実習　102,169
教育実習校　21
教育実習の心得　24
教育実習の目的　7
教育職員養成審議会（答申）　2,195
教材研究　27,46
教職課程コアカリキュラム　10
教職実践演習　18,60
教職大学院　122
研究授業　24,54

現場体験活動　167

高等学校実習　70
高等学校進学率　124
校務分掌　34,111
国際学力調査　185

さ 行

事後指導　60
事前指導　16
実践的指導力　2,175
指導の形態　135
社会福祉施設　155
授業実施の実際　53
授業づくり　142
主体的・対話的で深い学び　154
障害　135
小学校及び中学校の教諭の普通免許状授与に係る教育職員免許法の特例等に関する法律　152
小学校実習　64
自立活動　137
生徒指導　38
専門職養成　1

た 行

大学における教員養成　3
対人支援専門職　108
チームとしての学校　32,99
地球的視野　195
中学校実習　66,68
通級指導　113
特別支援学校　135,159
特別支援学校実習　72
都道府県教育センター　132
トランジション　168

な 行

内発的動機づけ 85
ニート 168

は 行

発問 41
板書 42
反省的実践家 108, 192, 194
評価規準 50
服装 133
フリーター 168
振り返り（省察） 117

ま 行

学び続ける教員 197

や 行

幼稚園実習 62
幼保連携型認定こども園 77

ら 行

履修カルテ 189
理論と実践の融合・往還 192, 194
臨床の知 120

監修者

原　清治（佛教大学副学長・教育学部教授）

春日井敏之（立命館大学大学院教職研究科教授）

篠原正典（佛教大学教育学部教授）

森田真樹（立命館大学大学院教職研究科教授）

執筆者紹介（所属，執筆分担，執筆順，＊は編者）

＊森田真樹（編著者紹介：はじめに，第1，13章）

＊小林　隆（編著者紹介：はじめに，第2，5章）

伊藤陽一（立命館大学大学院教職研究科准教授：第3，4章）

前川豊子（湊川短期大学幼児教育保育学科教授：第6章）

走井徳彦（佛教大学教職支援センター実習指導講師：第7章）

小松　茂（元立命館大学大学院教職研究科准教授：第8章）

原田恵子（立命館大学教職支援センター嘱託講師：第9章）

澤田　均（佛教大学教育学部特任教授：第10章）

堀家由妃代（佛教大学教育学部准教授：第11章）

原　清治（佛教大学副学長・教育学部教授：第12章）

編著者紹介

小林　隆（こばやし・たかし）

1968年　生まれ。
現　在　佛教大学教育学部教授。
主　著　「『社会科の初志をつらぬく会』実践における協同的な知識構築過程の解明——長岡文雄
　　　　『寄り合い』を事例として」『社会系教科教育学研究』第28号，2016年。
　　　　『文化を基軸とする社会系教育の構築』（共著）風間書房，2017年。

森田　真樹（もりた・まさき）

1970年　生まれ。
現　在　立命館大学大学院教職研究科教授。
主　著　『新社会科教育学ハンドブック』（共著）明治図書出版，2012年。
　　　　『国際理解教育ハンドブック——グローバル・シティズンシップを育む』（共著）明石書
　　　　店，2015年。
　　　　『教師教育研究ハンドブック』（共著）学文社，2017年。

新しい教職教育講座　教職教育編⑬
教育実習・学校体験活動

2018年 8 月30日　初版第 1 刷発行	〈検印省略〉
2023年11月20日　初版第 4 刷発行	

定価はカバーに
表示しています

監 修 者	原　清治／春日井敏之 篠原正典／森田真樹
編 著 者	小林　隆／森田真樹
発 行 者	杉　田　啓　三
印 刷 者	坂　本　喜　杏

発行所　株式会社　ミネルヴァ書房
607-8494　京都市山科区日ノ岡堤谷町 1
電話代表　(075)581-5191
振替口座　01020-0-8076

ⓒ 小林・森田ほか，2018　冨山房インターナショナル・坂井製本

ISBN 978-4-623-08196-7

Printed in Japan

新しい教職教育講座

原 清治・春日井敏之・篠原正典・森田真樹 監修

全23巻

（A 5 判・並製・各巻平均220頁・各巻2000円（税別））

教職教育編

① 教育原論　　　　　　　　　　山内清郎・原 清治・春日井敏之 編著
② 教職論　　　　　　　　　　　　久保富三夫・砂田信夫 編著
③ 教育社会学　　　　　　　　　　原 清治・山内乾史 編著
④ 教育心理学　　　　　　　　　　神藤貴昭・橋本憲尚 編著
⑤ 特別支援教育　　　　　　　　　原 幸一・堀家由妃代 編著
⑥ 教育課程・教育評価　　　　　　細尾萌子・田中耕治 編著
⑦ 道徳教育　　　　　　　　　　　荒木寿友・藤井基貴 編著
⑧ 総合的な学習の時間　　　　　　森田真樹・篠原正典 編著
⑨ 特別活動　　　　　　　　　　　中村 豊・原 清治 編著
⑩ 教育の方法と技術　　　　　　　篠原正典・荒木寿友 編著
⑪ 生徒指導・進路指導　　　　　　春日井敏之・山岡雅博 編著
⑫ 教育相談　　　　　　　　　　　春日井敏之・渡邉照美 編著
⑬ 教育実習・学校体験活動　　　　小林 隆・森田真樹 編著

教科教育編

① 初等国語科教育　　　　　　　　井上雅彦・青砥弘幸 編著
② 初等社会科教育　　　　　　　　中西 仁・小林 隆 編著
③ 算数科教育　　　　　　岡本尚子・二澤善紀・月岡卓也 編著
④ 初等理科教育　　　　　　　　　山下芳樹・平田豊誠 編著
⑤ 生活科教育　　　　　　　　　　鎌倉 博・船越 勝 編著
⑥ 初等音楽科教育　　　　　　　　高見仁志 編著
⑦ 図画工作科教育　　　　　　　　波多野達二・三宅茂夫 編著
⑧ 初等家庭科教育　　　　　　　　三沢徳枝・勝田映子 編著
⑨ 初等体育科教育　　　　　　　　石田智巳・山口孝治 編著
⑩ 初等外国語教育　　　　　　　　湯川笑子 編著

――――――――― ミネルヴァ書房 ―――――――――
https://www.minervashobo.co.jp/